청소년을 위한

광주
5·18

청소년을 위한
광주
5·18

초판 1쇄 발행일 2021년 4월 28일 | **3쇄 발행일** 2024년 5월 2일

글쓴이 고수산나 | **그린이** 이해정 | **감수** 이재의

펴낸이 이상훈 | **편집** 한겨레아이들 | **디자인** 나비
마케팅 김한성 조재성 박신영 김효진 김애린 오민정

펴낸곳 (주)한겨레엔 | **주소** 서울시 마포구 창전로 70 (신수동) 화수목빌딩 5층
전화 02)6383-1602~3 | **팩스** 02)6383-1610 | **출판등록** 2006년 1월 4일 제313-2006-00003호
홈페이지 www.hanibook.co.kr | **이메일** book@hanien.co.kr

ISBN 979-11-6040-472-2 43300

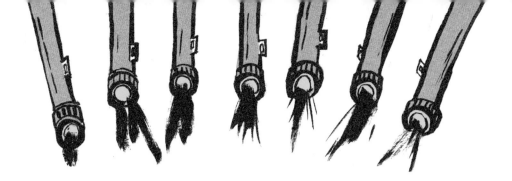

청소년을 위한

광주
5·18

고수산나 글 | 이해정 그림

한겨레출판

차례

작가의 말

1980년 5월, 당시 초등학교 4학년이었던 나는 광주의 외곽 지역에 살고 있었습니다. 그래서 5·18민주화운동 당시 사건의 한복판에서 모든 걸 겪진 못했습니다. 집 주위로 공수 부대와 시민군이 다녀갔다는 것, 시내에 사는 외할머니와 연락이 끊겨 버린 것, 이유도 모른 채 이불을 뒤집어쓰고 밤새 떨어야 했던 기억이 전부입니다.

5·18민주화운동에 대해 본격적으로 듣게 된 것은 중학교 때부터입니다. 주위 사람들이 보고 겪은 광주의 일을 들려주었습니다. 친구들, 선생님, 친척 등 가까운 사람들이 역사의 증인이고 피해자였습니다.

얼마나 많은 사람들이 억울하게 다치고 죽었는지, 얼마나 많은 사람들이 사랑하는 사람을 잃고 고통 속에 살았는지, 권력을 얻기 위해 인간이 얼마나 잔인해질 수 있는지 아직까지도 잊을 수 없이 생생하게 들었습니다.

많은 세월 동안 광주 사람들은 그날의 일을 되새기며 슬퍼하고 분노하고 때로는 쉬쉬하며 고통을 견뎌 냈습니다.

이 땅의 민주화를 위해 기꺼이 목숨을 바친 사람들에 대한 고마움과 슬픔, 모두가 부모가 되고 자식이 되어 똘똘 뭉쳐 서로를 지키고 돌보았던 인

류의 가장 이상적인 공동체를 만들었다는 자부심을, 이 책을 쓰며 함께할 수 있었습니다.

역사는 지나간 과거일 뿐, 왜 공부해야 하는지 모르겠다는 학생도 있습니다. 역사를 공부하는 것은 과거를 통해 현재를 판단하고 미래를 준비하는 것입니다. 세상이 돌아가는 커다란 모습을 멀리서 볼 수 있다고 할까요?

40년이 넘는 오랜 세월이 지났지만 광주를 짓밟은 가해자들은 아직도 반성조차 없고 제대로 된 처벌을 피하고 있습니다.

역사에 무관심하고 역사적 사건의 의미를 분명하게 알지 못한다면 이러한 일은 계속 반복될 것입니다.

세상을 바르게 보는 눈을 갖기 위해, 책이라는 타임머신을 타고 1980년으로 함께 가 볼까요?

십 대 친구들이 역사에 관심을 갖기를 바라는

고수산나

대통령이
저격당했다!

1979년 10월 26일, 가을바람이 스산하게 부는 초저녁이었다.

청와대 담장 밖 궁정동 안전 가옥에 이 나라의 최고 권력자들이 모였다. 박정희 대통령과 김재규 중앙정보부장, 차지철 경호실장, 김계원 비서실장이 그들이었다. 대한민국을 쥐락펴락하는 권력을 가진 인물들이 저녁 식사를 하기 위해 모인 궁정동 안가는 평소에도 박 대통령이 작은 연회나 식사 모임을 자주 여는 곳이었다.

비빔밥, 떡만둣국, 전복무침, 송이버섯구이, 불갈비 등이 차려진 넓은 상에 둘러앉은 대통령과 정부 요원들은 음식을 먹으며 이런 저런 이야기를 나누었다.

"신민당 놈들은 왜 그 모양이냔 말이야. **김영삼**°을 총재직에서 몰아내야 하는데. 그 일은 잘되고 있나?"

"각하. 신민당 총재 김영삼은 당내에서 힘 있는 사람들이 밀고 있어서 갈아 치우는 게 쉽진 않습니다."

박정희 대통령의 말에 김재규가 머리를 조아리며 대답했다.

"그깟 새끼들 싹 밀어 버려야 해. 학생이고 신민당이고 까부는 놈들 전부 탱크로 싹 깔아뭉개 버리면 되지."

경호실장인 차지철은 김재규를 보며 큰소리를 쳤다. 김재규는 한숨이 나왔지만 목구멍으로 꿀꺽 삼켰다.

"**부마사태°** 처리도 그렇고 요새 정보부는 도대체 뭘 하는지 모르겠어."

차지철은 김재규를 흘겨보며 비아냥거렸다. 김재규는 자꾸 자신에게 시비를 거는 차지철을 노려보았다.

차지철은 제2의 대통령이라는 말을 들을 정도로 권력을 마구 휘둘렀다. 비서실장인 김계원도 차지철을 못마땅하게 생각했다. 정

°당시 야당인 신민당을 이끄는 총재로 김대중과 함께 박정희의 정치적 적수였다. 1993년에 제14대 대통령이 되었다.

°1979년 10월에 부산과 마산, 창원에서 학생과 시민들이 유신 독재에 반대하는 대규모 시위를 벌였다. 이 사태를 진압하기 위해 박정희 정권은 계엄령, 위수령(육군이 주둔하며 대통령의 명령대로 치안 유지를 하는 것)을 내렸고 이것이 박정희 정권 붕괴의 불씨가 되었다. '부마민주항쟁'은 2019년에 국가 기념일로 지정되었다.

부의 많은 사람들이 차지철을 싫어했지만 박 대통령의 권력을 등에 업은 차지철은 안하무인이었다. 특히 김재규와는 여러 가지로 심한 갈등을 빚고 있었다.

"각하, 부마사태를 강력하게 진압한 것은 정말 잘한 일입니다. 제 말이 맞지 않습니까? 말을 듣지 않는 놈들은 때리고 밟아서 꼼짝 못 하게 그 싹을 잘라야 합니다."

"차 실장 말이 맞아. 나도 정말 속 시원하다니까."

차지철의 거들먹거리는 말에 박정희는 맞장구를 쳤지만 김재규 **중앙정보부**˚장의 생각은 달랐다.

'이렇게 강제적인 탄압으로는 지금의 유신 체제를 계속 유지할 수가 없어. 국민들을 총과 칼로 위협해서 이어 가는 **유신헌법**˚은 결국 무너지고 말 거야. 이 나라를 더 이상 저런 사람들에게 맡길 수는 없지.'

김재규는 차지철의 폭주와 박 대통령의 독재로부터 이 나라를 구할 사람은 자기밖에 없다고 생각했다. 또한 그가 꿈꾸는 혁명이

˚1961년에 생긴 정보·수사 기관으로 국가 안전 보장에 관련된 국내외 정보 및 범죄 수사와 군을 포함한 모든 정보·수사 활동을 하는 곳이었다. 대통령 직속의 최고 권력 기구로 중앙정보부장은 그만큼 막강한 권력을 쥐고 있었다.

˚박정희가 장기 집권을 할 수 있도록 세 번 이상 대통령이 될 수 있게 고쳐 버린 헌법이다. 박정희는 독재를 할 수 있게 스스로 헌법을 바꾸었다.

자신과 자신을 따르는 사람들을 구하는 길이기도 하다고 믿었다.

차지철이 시비 거는 것을 참고 있던 김재규는 잠깐 방에서 나와 집무실 책장에 넣어 놓은 권총을 바지 호주머니에 숨겼다. 그리고 자신을 따르는 박흥주 대령과 박선호를 궁정동 안가 마당으로 불러내어 총을 보여 주었다.

"오늘 일이 실패하면 자네들이나 나는 죽은 목숨이야. 내가 저들을 해치울 테니 자네들은 경호원들을 처리해. 각오는 되어 있나?"

"부장님, 오늘 하실 일에 각하도 포함되어 있습니까?"

"그래. 그럴 거야."

"오늘은 경호원이 일곱 명이나 와 있습니다. 날이 좋지 않으니 다른 날로 고르시지요."

김재규는 부하들의 말에 고개를 저었다.

"안 돼. 오늘 해치우지 않으면 비밀이 새서 들통날 수도 있어. 말을 듣지 않는 경호원들은 해치워 버려."

수행 비서인 두 사람은 김재규를 향해 고개를 끄덕였다.

"네. 저희들은 부장님 뜻을 따르겠습니다."

김재규는 다시 박 대통령이 있는 방으로 들어갔다.

그 자리에는 네 명의 권력자 외에도 여대생 모델과 가수가 자리해 분위기를 돋우고 있었다. 그들은 돌아가면서 술을 권하고 노래를 불렀다.

저녁 일곱 시 사십 분이 되었을 때였다. 김재규는 망설임 없이 호주머니에서 총을 꺼내 차지철을 향해 쏘았다.

"차지철 이 새끼! 너 정말 건방져!"

오른 손목에 총을 맞은 차지철은 피가 흐르는 손목을 움켜쥐며 소리쳤다.

"김 부장 왜 이래?"

자리에 앉아 있던 박정희가 놀라서 소리쳤다.

"지금 뭐하는 짓들이야?"

김재규는 총구를 돌려 박정희의 오른쪽 가슴을 향해 총을 쏘았다. 한 발을 더 쏘려고 했지만 총알이 나가지 않았다.

"이런 제길!"

김재규는 방 밖으로 뛰어나갔고 차지철은 화장실로 기어서 도망쳤다. 목숨을 걸고 대통령을 지켜야 하는 경호실장이었지만 차지철은 자신의 목숨을 먼저 생각했다.

"각하, 정신 차려 보십시오. 괜찮으십니까?"

정신이 반쯤 나간 모델과 가수는 등에서 피가 흐르는 박정희를 부축했다.

그때 부하의 총을 가지고 방으로 돌아온 김재규는 화장실에 숨은 차지철에게 달려갔다. 차지철은 출입문 옆에 있는 문갑을 던졌고 김재규는 재빨리 차지철에게 총을 쏘았다. 배에 총탄을 맞은 차

지철은 그 자리에서 꼬꾸라졌다.

김재규는 뚜벅뚜벅 걸어와 쓰러져 있는 박정희 대통령의 뒷머리에 총 한 발을 더 쏘았다. 가수와 모델은 비명을 지르며 방구석으로 기어서 도망쳤다.

총소리를 들은 경호원들이 뛰어왔고 김재규의 부하들과 총격전이 벌어졌다. 대통령의 비밀스러운 파티 장소였던 궁정동 안가에서 대한민국을 뒤흔든 여러 발의 총성이 울렸다.

이 나라의 최고 권력자인 국가 원수를, 가장 가까운 위치에 있던 부하인 중앙정보부장이 암살한 역사상 유례가 없는 이 사건은 고작 3분 만에 끝이 났다.

18년을 끌었던 박정희의 독재는 이렇게 순식간에 끝을 맺었다.

만찬장 밖으로 뛰쳐나온 김재규는 마루에 초조하게 서 있는 김계원에게 다가갔다.

"이제 다 끝났습니다. 보안을 유지해야 합니다."

"사람들에게 뭐라고 하지?"

김계원이 김재규의 말에 물었다.

"각하께서 과로로 기절했다는 식으로 적당히 둘러대세요."

"알았소."

김계원은 방 안으로 들어갔고 김재규는 맨발로 **육군참모총장***인 정승화에게 달려갔다. 아무것도 몰랐던 정승화는 김재규의 권유로 궁정동 안가에 와 있던 참이었다.

몸에 화약 냄새가 잔뜩 배어 있는 김재규는 비서를 찾았다.

"물, 물을 가져와!"

비서가 주는 물을 벌컥벌컥 마신 김재규는 놀라서 뛰어나온 정승화의 팔을 붙잡았다.

"총장, 큰일 났습니다."

"무, 무슨 일입니까?"

"일단 차에 타서 이야기합시다."

김재규는 정승화를 끌고 나갔다.

"아니 무슨 일이 일어난 겁니까? 저 안에서?"

정승화가 계속 물었지만 김재규는 정승화를 데리고 차에 올라탔다.

"가만, 어디로 가야 하지? 정보부로 가야 할까, 아님 육군본부로?"

김재규가 망설이자 정승화가 일단 육군본부로 가자고 했다.

김재규와 정승화가 육군본부로 가고 있을 무렵, 김계원 비서실장은 김재규가 시킨 대로 박정희의 시신을 국군서울지구병원에 옮겼다.

● 대한민국 육군본부의 최고 우두머리로 4성 장군인 대장이 맡는다.

"각하는 사망하셨습니다."

군의관의 말을 들은 김계원은 청와대로 들어가 최규하 국무총리와 장관들에게 연락했다.

"청와대 비서실입니다. 긴급 상황입니다. 빨리 청와대로 들어오십시오."

허겁지겁 달려온 사람들은 무슨 상황인지 몰라 우왕좌왕했다. 김재규의 전화를 받은 김계원은 국무총리와 장관들을 데리고 육군 본부로 다시 모였다.

"비상사태입니다. **계엄령**˚을 선포해야 합니다."

김재규의 말에 여러 장관들이 반발했다.

"어떻게 된 것인지 모두 설명을 하시오."

장관들이 계속 따져 묻자, 김계원은 김재규가 박 대통령을 쏘았다고 얘기했고 국방장관은 그 자리에서 정승화에게 김재규를 체포하라 명령했다.

혁명을 꿈꾸던 김재규가 살인범으로 몰락하는 순간이었다. 그 후로 일어난 일들은 김재규가 전혀 기대하지 않았던 방향으로 흘

˚폭동, 전쟁, 국가적 재난 상태의 비상사태 시 대통령이 군대를 동원하여 치안과 사법권을 유지하는 조치이다. 계엄령이 선포된 지역에서는 계엄사령부가 사법권을 가지고 행사한다.

러갔다. 정승화 육군참모총장은 전두환 보안사령관에게 박 대통령 사망 사건을 조사할 합동수사본부장을 맡게 했다.

그때는 정승화도 몰랐다. 전두환이 얼마나 큰 야심을 가지고 있었는지, 그 야심을 채우기 위해 상관인 자신의 뒤통수를 후려쳐 쓰러뜨릴 것이라는 것을.

박정희 대통령의 사망 후, 누가 대통령이 되었나요?

최규하는 1975년부터 국무총리를 지내다 1979년 10월 26일 박정희 대통령이 사망한 다음 날인 10월 27일 대통령 권한 대행을 맡았습니다. 대통령 권한 대행을 맡은 직후 제주도를 제외한 전국에 비상 계엄령을 선포했습니다. 최규하는 권한 대행을 맡는 동안 유신 헌법 개정과 민주화를 추진하겠다고 약속하며 자신의 소신을 밝히기도 했습니다.

그는 1979년 12월 6일 통일주체국민회의에서 대통령으로 선출되어 대한민국의 제10대 대통령이 되었습니다. 최규하는 갑작스러운 전임 대통령의 사망으로 권력 공백이 된 대한민국을 잘 수습해야 한다는 책임감을 느끼고 있었습니다.

하지만 전두환을 중심으로 하는 군부 세력은 그를 그냥 놔두지 않았습니다. 1979년 12월 12일 전두환이 군사 정변을 일으켜 군사력을 장악하자 최규하는 이름뿐인 대통령이 되었습니다. 5·18민주화운동 당시 공수 부대의 만행을 막지 못하여 무능한 대통령, 허수아비 대통령이란 불명예를 안았습니다. 역대 대통령 중 가장 짧은 8개월의 재임 기록을 남기고 결국 1980년 8월 16일 대통령직에서 물러났습니다.

김재규의 박정희 대통령 저격은 잘한 일이었을까요?

김재규는 박정희의 독재를 끝내기 위해 직접 총을 들었습니다. 박정희 정권이 무너지면 새로운 세상이 올 거라는 믿음이 있었습니다. 하지만 세상은 김재규의 뜻대로 돌아가지 않았습니다. 김재규는 결국 부하들과 함께 사형을 당하고 말았습니다.

김재규에 대한 평가는 엇갈립니다. 어쨌든 박정희를 사살했기 때문에 유신 독재가 무너졌다고 생각하는 사람들이 있습니다. 김재규가 아니었다면 박정희의 독재 정권에서 얼마나 더 많은 사람들이 죽임을 당했을지 모른다고 말이지요.

또 한편으로는 국민의 힘으로 대통령을 바꾸고 독재를 끝내야 했는데 정치적 기반이 튼튼하지 못한 김재규가 저지른 일 때문에 오히려 전두환에게 기회를 주는 빌미를 제공했다는 평가도 받고 있지요.

여러분의 생각은 어떤가요?

권력의 빈자리를
노린 전두환,
또 한 번의 쿠데타

합동수사본부장을 맡게 된 전두환 보안사령관은 가만히 앉아 있을 수가 없어 집무실 안을 왔다 갔다 했다.

"이런, 이런! 각하가 서거하다니. 우리의 보호자이자 버팀목인데. 우리가 각하 덕분에 이 자리까지 올라왔는데 이렇게 무너질 수는 없어. 우리 하나회가 어떻게 지금까지 커 왔는데."

전두환은 박정희를 잘 따르고 신임을 얻어 승승장구하고 있었다. 언젠가 높은 자리를 차지하고 박정희의 권력을 이어받으려는 꿍꿍이가 있었다.

박정희는 군 내부에 자신의 지지 세력을 만들기 위해 영남 출신의 부하들을 뽑았다. 자신에게 힘이 되어 줄 부하들을 골라 높은 위치에 앉혔고 그들은 하나회라는 이름으로 뭉쳐 박정희에 충성을 맹세했다. 군대 내에서는 사조직을 만들 수 없었기 때문에 하나회는 비밀리에 운영되며 조금씩 세력을 키우고 있었다.

하나회는 군 내부 최고의 실제 세력을 갖춘 모임으로 성장해 나갔다. 하나회의 군인들은 나라를 지키는 데 힘을 쓴 진정한 군인이 아니라 정치 군인이었던 셈이다.

전두환은 하나회를 직접 만들었고 앞장서서 이끌었다.

최고 권력자 대통령과 이인자를 자처하던 경호실장이 사망하고 또 다른 이인자 중앙정보부장이 살인자로 체포되는 바람에 대한민국을 지배할 최고의 자리에 큰 구멍이 뚫렸다. 누가 그 자리를 차지할지는 아무도 알 수 없었다.

"그래. 위기를 기회로 만들자. 예상치도 못하게 기회가 빨리 온 거야. 이 좋은 기회를 놓칠 수는 없지. 내가 꿈꾸던 일이니까."

박정희 사건으로 합동수사본부장을 맡게 된 전두환은 야심을 숨기며 미소를 지었다.

"우리 하나회 동지들을 모아야겠군. 이제 보이지 않는 곳이 아닌 세상 위에 서는 하나회가 될 테니까."

그는 어두운 초록색 군복의 깃에 달린 두 개의 별을 한번 쓱 다듬고는 보이지 않는 어깨의 먼지를 툭툭 털어 보았다. 그러고는 까만 군홧발을 성큼성큼 내디뎌 방을 나갔다.

권력을 잡을 욕심에 눈이 먼 전두환에게 첫 번째 걸림돌은 정승화 참모총장이었다. 그는 육군사관학교 선배이자 훨씬 높은 계급과 직책의 상관이었다. 더구나 시간이 흐를수록 정승화는 전두환의 야심을 눈치채는 듯했다.

"전두환이 하는 짓이 가관이군. 마치 대통령이라도 된 듯 사람들을 부리고 있어. 자기 맘대로 차관들을 불러 모으지 않나, 여기저기 돈을 뿌리지 않나."

정승화는 전두환을 다른 곳으로 보내야겠다고 마음먹었다. 그리고 수상한 하나회 장교들을 각각 다른 곳으로 발령을 내 뿔뿔이 흩어 놓으려고 했다.

하지만 이 계획은 전두환의 귀에 먼저 들어갔다.

"그렇다면 내가 먼저 선수를 쳐야겠군. 정승화 총장을 제거해야겠어."

전두환은 존경하고 따랐던 박정희 대통령을 따라 하기로 했다. 군사 **쿠데타**°를 일으키는 것이었다.

12월 12일 저녁 6시, 전두환은 최규하 대통령을 찾아갔다. 육군

°무력 등의 비합법적인 수단으로 조직 내의 우두머리를 교체하는 일을 말한다. 정당한 방법이 아니기 때문에 은밀하고 기습적으로 일어나며 주로 협박·암살·감금 등의 방법이 동원된다. 박정희 대통령이 무력으로 쿠데타를 일으켜 정권을 잡은 것처럼 전두환도 지휘 체계를 어기고 군사 쿠데타를 일으켜 정권을 잡아 대통령이 되었다.

참모총장을 체포하는 일은 대통령의 재가(권한을 가진 사람이 승인하는 일)를 받아야 가능한 일이기 때문이었다.

"각하, 정승화 육군참모총장이 박 대통령 시해 사건에 연루되었습니다. 당장 연행하여 조사해야 합니다."

하지만 최규하 대통령은 전두환의 말을 들어주지 않았다.

"말도 되지 않는 소리 하지 마시오. 육군참모총장을 연행하다니. 더군다나 이렇게 나라가 혼란한 때에 육군의 최고 수장을 갑작스럽게 연행한다는 건 절대 있을 수 없는 일이오."

"각하, 정승화 총장은 사건이 있었던 궁정동 안가에 있었습니다. 그 사건과 분명 관련이 있습니다. 김재규와 함께 공모했기 때문에 둘이서 차를 타고 육군본부로 간 것입니다."

전두환은 정승화에게 누명을 씌웠지만 최규하 대통령은 믿지 않았다.

'내가 네놈 속을 모를 것 같으냐? 정승화 총장이 죄가 없다는 건 네가 이미 조사해서 밝혔던 내용이야. 이제 와서 시해 사건에 가담했다고 억지를 부리며 상관인 육군참모총장을 체포하려 하다니! 뭔가 꿍꿍이가 있군.'

최규하 대통령은 전두환의 매서운 눈초리에도 끄덕하지 않고 버텼다. 하지만 전두환과 함께 미리 반란을 꾀하기로 한 하나회 지휘관들은 지켜야 할 부대를 벗어나 탱크와 장갑차를 몰고 서울로 들

어왔다. 그리고 부하들을 시켜 정승화 육군참모총장을 체포했다. 대통령 재가 전의 일이었다.

전두환은 정승화가 김재규와 미리 짜고 박 대통령을 암살했다는 누명을 씌웠다.

정승화를 체포하기 위해 전두환의 부하들은 퇴근 후 참모총장 공관으로 들이닥쳤다. 정승화가 체포되는 과정에서 반란을 도모한 하나회 세력들과 총장을 지키고 반란군을 진압하려 한 군인들 사이에 총격전이 벌어졌다. 육군에서는 총장이 납치됐다는 말에 깜짝 놀랐다.

"무장 공비가 침투해서 우리의 수장인 총장님을 납치했다는 게 사실이야?"

"둘 다 국군이라던데, 도대체 누가 우리 편이고 누가 적군인 거야?"

육군본부에 있는 군인들은 큰 혼란에 빠졌다.

정승화를 체포하기 위해 일어난 총격전으로 군인 세 명이 죽고 여러 명이 부상을 입었다. 결국 정승화는 체포되어 **보안사**•로 끌려

●군사에 관한 정보 수집 및 수사를 목적으로 생긴 국방부 내의 수사 정보기관이다. 군사 보안과 군 관련 첩보, 군과 관계되는 특정 범죄 등을 수사하는 기관으로 국가보안 사령부였고 1991년부터 국군기무사령부로 이름을 바꾸었다.

갔다.

"각하, 정승화 총장은 이미 체포되었습니다. 지금이라도 체포를 재가해 주시지요."

전두환은 최규하 대통령을 총리 공관에 집어넣고 몰아붙였다.

"육군참모총장의 체포는 국방부 장관의 동의가 있어야 하오."

최규하 대통령은 반란을 막기 위해 재가를 허락하지 않았다. 자신이 이 나라의 민주주의를 위해 할 수 있는 마지막 일이라고 생각했다.

"숨어 버린 국방부 장관을 빨리 찾아! 도대체 어디에 숨어 있는 거야?"

하나회 장교들은 숨어 버린 국방부 장관을 찾아다니느라 정신없이 뛰어다녀야 했다.

정승화 육군참모총장이 체포된 후에야 육군본부 지휘관들과 서울을 방어하는 수도경비사령관은 전두환의 군사 반란을 알게 되었다.

"이 반란군 놈의 새끼들! 거기 꼼짝 말고 있어. 내가 전차를 몰고 가서 네놈들의 머리통을 다 날려 버리겠다."

정승화 육군참모총장이 체포되었다는 소식을 들은 장태완 수도경비사령관은 흥분해서 소리를 질렀다. 장태완 소장은 반란을 일으킨 전두환 세력을 무력으로 진압하기 위해 여러 부대에 전화를 걸어 병력을 출동시키려 했다.

뒤늦게 반란군의 소식을 들은 정식 지휘 계통에 있던 육군본부 지휘관들은 재가를 받기 전에 반란군을 막으려고 여기저기 연락을 하며 움직였다. 하지만 이미 모든 곳에 하나회 세력이 자리 잡고 있었고 이들을 막으려던 수도경비사령관과 특전사령관도 병력을 이끌고 쳐들어온 반란군에 결국 무릎을 꿇어야 했다.

대규모의 병력이 움직이고 총성이 울렸지만 국민들은 그날 일을 알지 못했다. 워낙 순식간에 일어난 일이었고 늦은 밤이었기 때문이었다.

전두환이 일으킨 군사 쿠데타의 성공은 광주 시민들에게는 크나큰 비극의 시작이자 군사 독재 정권이 지속됨을 알리는 신호탄이었다.

12·12 사태 이후에는
어떤 일들이 일어났나요?

군사 쿠데타로 정권을 잡은 전두환과 신군부 세력은 정승화 육군참모총장에게 모진 고문을 가했습니다. 육군의 최고 자리에 있던 정승화의 군대 계급을 최하 계급인 이등병으로 강등했습니다. 신군부 세력에 반대했던 장태완, 정병주, 김진기 등도 하나같이 계급을 빼앗기고 강제로 불명예 제대를 당했습니다.

전두환은 언론을 완전히 장악하기로 계획을 세우고 신문사, 방송사의 사장단과 국장급, 그리고 기자를 끌어들여 입맛에 맞는 기사를 쓰게 하고 방송을 하게 했습니다. 국민들의 호감을 사기 위해 모든 기사와 기자들을 감시했습니다. 말을 듣지 않는 기자들을 때리고 겁주는 것은 보통 일이었고 가족들까지 가만두지 않겠다고 협박했습니다. 신군부 세력의 언론 장악으로 방송사와 신문사들은 언론의 자유를 잃고 시키는 대로 해야 하는 꼭두각시가 되어 버렸습니다.

1980년의
봄과 함께 온
희망

1980년이 되고 긴 겨울을 지나 봄이 왔다. 따뜻해진 날씨만큼 사람들의 마음은 민주주의의 봄이 오겠지 하는 기대에 설렜다.

대학에는 교정에 핀 봄꽃처럼 밝은 표정으로 등교하는 학생들이 돌아왔다.

"유신 정권에 반대해서 쫓겨난 교수님들이 다시 돌아오셨대."

"박정희 독재에 반대하는 데모 때문에 감옥에 갔던 선배들도 풀려났어. 이제 총학생회도 부활하겠네."

대학에 찾아온 민주화의 봄은 어느 곳보다 빨랐다.

박정희의 사망으로 유신 정권이 무너지면서 많은 사람들이 자신의 목소리를 냈다.

"그동안 하고 싶은 말도 못하고 살았어. 대통령 욕만 해도 잡아

갔잖아."

"우리 노동자들도 이제 사람답게 살고 싶다!"

"이제 군사 정권이 아니다. 대학생들에게 군사 훈련을 시키는 것을 당장 집어치워라!"

사람들은 세상이 달라져서 더 이상 박정희의 독재와 탄압에 고통받지 않아도 되고, 잘못된 것들이 바뀔 거라고 생각했다. 민주화 운동의 분위기가 봄바람을 타고 곳곳에 퍼져 나갔다.

4월 14일 보안사령관인 전두환이 중앙정보부장 서리를 맡게 되자 정치 상황에 민감한 대학생 일부에서는 신군부의 우두머리가 누군지 드디어 알게 되었다.

"아니, 국군보안사령관이 중앙정보부장 서리까지 한단 말이야? 한 사람이 모든 정보기관을 다 차지하는 것이 있을 수 있는 일인가?"

"전두환이 스스로 정치에는 관심이 없다고 하더니, 새빨간 거짓말이었군."

"유신 독재가 끝나나 했더니 다시 군인들이 정치를 해?"

민주화의 봄을 막은 신군부가 권력을 잡은 것에 반대하는 학생들의 시위가 곳곳에서 늘어났다.

"비상계엄을 해제하라!"

"전두환과 그 무리들은 물러가라, 물러가라!"

대학생들과 반정부 인사들은 전국 여기저기서 민주화를 원하는 시위를 벌였다. 시위는 더 격렬해져 5월에는 민주화운동에 앞장섰던 교수와 반정부 인사, 대학생들이 거의 날마다 교내에서 혹은 교문 밖으로 뛰쳐나와 전두환은 물러가라고 목청껏 외쳤다.

"이봐, 정보처장. 점점 시위가 거세지고 있어. 시위를 진압하고 우리가 확실히 주도권을 잡을 수 있는 방안을 빨리 연구해 봐!"

보안사령관 겸 중앙정보부장 서리인 전두환은 권정달 보안사 정보처장에게 중요한 임무를 지시했다. 이에 권정달은 보안사 참모들과 함께 시국 수습 방안을 만들어 노태우 수경사령관, 정호용 특전사령관 등에게 보고했다.

"비상계엄 확대에 군대를 움직이면 국민들이 반발하지 않을까요?"

"걱정 마시오. 북한이 남한을 침략하려고 간첩을 보내 도시를 혼란에 빠뜨렸다고 겁주면 됩니다. 우리나라 사람들은 북한군 남침을 가장 두려워하지 않소? 그렇게 불안한 분위기를 만들면 군대가 움직여도 받아들이게 되어 있습니다."

"그럼 우리 계획에 잘 맞는 적당한 곳을 찾으면 되겠네요."

신군부 세력은 지도를 펼쳐 놓고 희생양으로 선택한 지역을 찾아 손을 아래쪽으로 쭉 끌어내렸다.

손끝이 가리키는 곳은 바로 광주였다.

"좋아요. 김대중을 따르는 광주 시민들이 들고일어날 게 분명해요."

"그렇지. 가뜩이나 전라도는 차별을 받고 있어서 정부에 대한 감정이 좋지 않아. 문제를 일으키기에 딱 좋은 곳이지. 우리가 적당히 밟아 주기만 한다면야. 하하."

사령관들은 지도를 보며 섬뜩한 미소를 지었다.

5월 13일부터 16일까지는 전국에서 가장 활발하게 대학생들의 민주화 시위가 일어난 기간이었다. 특히 15일에는 서울역 광장에서 10만 명이 모여 대규모 집회를 열었다.

"비상 계엄령을 해제하라!"

"전두환과 신현확(당시 국무총리)은 사퇴하라, 사퇴하라!"

"유신 잔당들을 타도하자!"

사람의 파도는 서울 시내 곳곳에 넘쳤고 그들의 함성은 전국으로 퍼졌다.

이날 밤 서울 지역 총학생회 대표들이 고려대에 모여 긴급회의를 했다.

"오늘 시위로 국민들의 힘을 보여 주었습니다. 그러니 이제 기다리는 것이 좋겠습니다."

"맞습니다. 지금 시위를 계속하면 오히려 군대가 투입될 테니 사

태가 복잡해질 수 있습니다."

"하지만 분위기가 한창 달아올랐는데 지금 쉬면 어떡해요. 민주화의 열기를 계속 끌고 가야지요."

시위를 주도하는 총학생회장들 사이에서도 의견이 나뉘었다. 결국, 일단 시위를 중단하고 학교로 돌아가자는 결정이 내려졌다.

다른 지역 대학생들은 서울 지역 학생들의 결정에 따라 잠시 시위를 쉬기로 했다. 하지만 전남의 대학생들은 달랐다. 16일까지 하루 더 시위를 이어갔다. 그렇다고 해서 과격하거나 폭력적인 시위를 한 것은 아니었다.

5월 17일 주말을 맞아 시위가 잠시 멈춘 틈을 노려 전두환과 신군부 세력은 작전을 개시했다. 전국에 계엄 확대를 선포하고 내란음모 혐의를 씌워 김대중을 체포했다. 정치인, 노동운동가들 수십 명을 동시에 체포해서 가두었다. 또한 공수 부대를 포함한 시위 진압 부대가 광주에 투입되었다.

광주의 비극이 시작되는 순간이었다.

▲ 대학생들이 신군부 정권에 반대하는 시위를 하는 모습

전두환과 신군부 세력은
왜 광주를 택했을까요?

경상도에는 대규모 공장이 들어서 산업화되고 많은 일자리가 생기며 발전하고 있을 때 광주와 전라도는 농업 종사자가 많아 상대적으로 발전 속도가 더디었습니다. 고속도로 건설에서도 전라도는 외면받았습니다. 고위직 공무원 중에는 전라도 출신이 드물어 전라도 사람들이 배제되는 것에 불만을 가지고 있었고 여러 면에서 차별받은 광주 사람들은 정부 권력에 반항심이 생길 수밖에 없었습니다.

박정희는 정치적, 경제적 차별로 전라도의 지역감정을 조장했고 이것을 통치 수단으로 이용했습니다. 게다가 박정희를 위협한 정치적 적수인 김대중이 전라도 출신이었고, 광주와 전라도는 박정희와 유신 정권에 대한 저항으로 존경받는 정치인인 김대중을 더욱 따랐습니다. 신군부 세력은 5월 17일에 김대중을 체포함으로써 광주 시민들의 감정을 건드렸습니다.

전라도의 중심인 광주를 공격하면 더 큰 반발이 일어날 테고, 군대를 투입하여 진압할 수 있는 좋은 명분이 생길 수 있었습니다. 신군부가 판단하기에 광주는 가장 저항력이 세고 정부에 반기를 드는 위험한 집단으로 매도하기에 좋았던 것입니다.

5월 18일,
비극의 역사가
시작되다

5월 18일, 일요일. 서울보다 일찍 찾아온 봄은 남쪽 도시의 길거리를 연둣빛으로 물들였다.

오전 아홉 시가 지나자 전남대 정문으로 학생들이 삼삼오오 모여들었다.

"혹시 우리가 시위하는 동안 휴교령이 내려지면 다음 날 아침 교문 앞으로 모이자."

전남대 학생회장인 박관현은 14일부터 16일까지 군부 세력의 도발을 걱정하며 학생들을 날마다 일깨웠다. 17일 밤 비상 계엄령이 확대되자 학생들은 약속대로 다음 날 아침 전남대 정문으로 모이기 시작했던 것이다.

공수 부대원들은 아침 일찍부터 전남대 교문 앞을 지키고 있다 학교로 들어가는 학생들을 폭행했다.

그 모습을 본 사람들은 술렁거렸고 모여든 학생 수는 한순간에 100명이 넘게 불어났다. 전남대 정문 앞에는 시위 때문에 모인 학생들 외에도 공부하러 온 학생들이 있었고 봄 날씨를 즐기려고 나온 시민들도 있었다. 학생들과 공수 부대원들의 대치 상황이 궁금해 지켜보는 시민들도 많아졌다.

학생들의 수가 늘어나자 공수 부대의 장교가 메가폰을 들고 방송을 했다.

"지금 학교는 휴교령이 내려졌으니 학생들은 모두 집으로 돌아가기 바랍니다. 계속 시위한다면 강제로 해산시키겠습니다."

방송을 듣고도 학생들은 더 큰 소리로 구호를 외쳤다.

"전두환은 물러가라!"

"계엄군은 물러가라."

"계엄령을 해제하라, 해제하라."

학생들이 노래를 시작할 무렵이었다. 바로 그때,

"앞으로 돌격!"

장교의 명령이 떨어졌다. 그러자 공수 부대원들이 '와아' 하는 함성을 지르며 학생들 사이를 뚫고 들어왔다. 그러고는 방패와 곤봉으로 학생들을 마구 내리쳤다. 느닷없이 얻어맞은 학생들은 뒷

걸음치며 도망쳤다.

쫓아오는 공수 부대원들은 인정사정 봐주지 않고 진압봉을 마구
휘둘렀다. 시위를 진압할 때는 얼굴이나 급소를 피해야 하는 것이
원칙이었다. 하지만 공수 부대원들은 애초에 그런 규칙을 알지 못
하는 것처럼 얼굴, 목, 어깨 등을 가리지 않고 때렸다. 넘어지고 다
친 사람들이 여기저기 길바닥에 뒹굴었다. 공수 부대원은 얻어맞
아 넘어진 학생의 머리채를 잡고 질질 끌고 가기도 했다.

"아니 뭔 놈의 군인들이 사람을 이렇게 팬단 말이여?"

구경하던 시민들이 고개를 절레절레 흔들며 슬금슬금 도망쳤다.

학생들은 골목으로 도망치면서 길바닥에서 주운 돌멩이를 공수
부 대원들에게 던졌다. 시간이 지나자 도망갔던 학생들과 시민들
이 다시 모여들었다.

사람들은 노래를 부르기 시작했다. 누군가 소리쳤다.

"계엄군이 우리 학교를 장악한 사실을 시민들에게 알려야 합니
다."

학생들은 소식을 전하러 뿔뿔이 흩어져 전남도청을 향해 달려갔
다.

"시민 여러분, 김대중 씨가 체포되었습니다."

"전두환이 쿠데타를 일으켜 정권을 잡았습니다."

아무것도 모른 채 일상생활을 하던 광주 시민들에게 학생들은 뛰

어다니며 진실을 알렸다. 공수 부대원들에게 쫓기던 시위 학생들은 시외버스터미널에서 금남로를 지나 중심가인 가톨릭센터까지 나아갔다.

흩어졌다 모이기를 되풀이하며 시내 중심가 곳곳에서 시위가 벌어졌다. 오후에는 시위대의 숫자가 훨씬 불어났다.

오후 네 시가 되자, 기다렸다는 듯이 공수 부대원들이 군홧발 소리를 내며 금남로 수창초등학교 쪽으로 줄지어 늘어섰다.

"군인들이 참말로 많이 왔네. 나라는 안 지키고 왜 여기에 다 왔당가?"

구경하던 시민들은 수군거리며 시위대와 공수 부대원들을 번갈아 쳐다보았다.

"거리에 나와 있는 시민 여러분들은 빨리 집으로 돌아가십시오."

공수 부대 트럭 위에 설치된 스피커에서 날카로운 소리가 들렸다. 잠시 후, 횡단보도 앞에 늘어선 공수 부대에 명령이 떨어졌다.

"거리에 있는 사람들을 해산시켜라!"

무조건 해산시키라는 명령 한마디에 군인들은 각자 흩어져 사냥에 나선 사냥꾼처럼 사람들을 잡아채고 때리기 시작했다. 시위대뿐만 아니라 길거리에서 구경하던 사람들에게도 곤봉을 마구 휘둘렀다.

머리를 맞아 피가 질질 흐르는 얼굴을 감싼 시민은 외쳤다.

"나는 대학생이 아니어라우. 구경만 했당께요."

"살려 주씨오. 나는 데모 안 혔어요."

"아이고 사람 죽네."

공수 부대원들에게 맞은 시민들은 옷이 찢기고 흙바닥에 나뒹굴었다. 어떤 사람은 너무 많이 맞아서 기절해 길바닥에 쓰러졌다. 공수 부대원들은 아랑곳하지 않고 넘어지고 다친 사람들을 질질 끌어 트럭에 태웠다. 도망치던 사람들이 인근 건물로 숨어 들어가자 공수 부대원들도 따라 건물 안으로 들어왔다.

건물 안에는 일요일인데도 직장에 출근한 사람들이 있었다. 총을 가진 군인들이 뛰어 들어오자, 일하던 직원들은 깜짝 놀라 벌떡 일어섰다.

"뭔 일이요? 아니 왜 군인들이 와서……."

군인들은 일하고 있는 직원들을 끌어내 사정없이 내동댕이쳤다. 영문을 모르는 직원들은 개머리판으로 맞고 군홧발에 채였다. 너무 아파서 비명을 지를 수가 없었다.

맞는 이유라도 알면 덜 억울할 것 같았다.

"왜, 왜. 일하고 있는 사, 사람을……."

직원들은 사무실 바닥을 꾸물꾸물 기었다.

"담당 구역 수금하려고 일요일인데도 나왔어요. 저 칭찬해 주셔야…… 응?"

사무실에 들어서던 신문 배달원 고등학생은 난장판이 된 현장을 보고 깜짝 놀랐다. 배달원 학생도 공수 부대의 뭇매를 피하지 못했다. 아무것도 모르는 학생은 그만 끌려 내려가는 계단에서 기절해 버렸다.

"다른 놈들을 잡자고."

공수 부대원들은 쓰러진 고등학생을 버려두고 다시 계단을 뛰어 내려갔다.

길거리에는 총에 달린 대검에 찔리고 맞은 시민들이 널브러져 있었다. 많은 시민들은 왜 맞는지도 모른 채 두들겨 맞고 이리저리 끌려다녔다.

김경철은 스물여덟 살의 청년이었다. 네 살 때 뇌막염 치료를 위해 약을 먹었는데 그만 잘못되어 말하지도 듣지도 못하는 장애인이 되었다. 그는 일요일인 5월 18일에 친구들과 만나 점심을 먹었다. 친구들 모두 청각 장애인이었고 함께 가게를 열어 광주 시내에서 구두를 닦거나 신발을 만들어 팔기도 했다.

김경철의 딸이 갓 백일을 넘어 축하를 해 줄 겸 김경철의 집에서 모임이 있던 차였다.

〈딸이 꼭 너 닮았다.〉

〈딸이 아빠 닮으면 잘 산다더라.〉

친구들은 김경철과 즐겁게 식사를 했다.

〈일요일이라 시내에 사람들이 많을 거야. 일거리가 있나 나가 볼까? 우리 예쁜 딸을 잘 키우려면 돈 많이 벌어야지.〉

〈그래, 같이 가 보자.〉

김경철과 친구들은 시내 중심가를 지나다 수창초등학교 부근에서 공수 부대원들을 맞닥뜨렸다.

'웬 군인들일까?'

갑자기 공수 부대원들이 김경철 일행에게 달려들어 매질을 했다.

"으, 으. 으."

말을 할 수 없었던 김경철은 살려 달라고 두 손을 모아 싹싹 빌었다. 하지만 군인들의 발길질은 계속되었다. 김경철은 얻어맞으면서도 지갑 속의 농아 신분증을 꺼내 보여 주었다. 친구들도 얻어맞으며 손짓 발짓으로 장애인이라는 사실을 알리려 했다.

"이 자식, 왜 말을 안 해. 데모 했어, 안 했어? 했잖아! 왜 대답을 안 해. 건방진 새끼야!"

공수 부대원들은 김경철과 친구들의 얼굴을 군홧발로 짓이겼다. 김경철의 친구들은 공수 부대원들에게 실컷 맞고 장갑차로 집어 던져졌다. 그리고는 밤 11시가 넘을 때까지 갇혀서 나오지 못했다.

김경철은 자신을 밟아 누르는 군인의 다리를 붙잡고 두 손을 싹

싹 빌었다.

〈살려 주세요, 살려 주세요. 제발요. 집에 아내와 어린 아기가 있어요. 도대체 나에게 왜 이러는 거예요?〉

답답하고 원통한 생각에 가슴이 터질 것 같아서 눈물만 흘러내렸다. 수화도 해 보았지만 그들이 알아들을 리 없었다.

"이 새끼 장난해? 어디서 벙어리 흉내를 내고 지랄이야!"

"아직 덜 맞아서 그래. 진짜 병신이 되게 한번 맞아 볼래?"

공수 부대원들은 김경철의 몸이 축 늘어질 때까지 때렸다.

김경철의 흐릿해진 눈앞에 가족들의 얼굴이 보였다. 그리고 두 눈이 스르르 감겼다. 김경철은 더 이상 움직이지 않았다.

"뭐야, 이 자식."

그의 머리는 깨지고 눈은 튀어나왔다. 엉덩이와 허벅지, 어깨가 부서지고 으깨어졌다.

"사람이 사람을 어떻게 이렇게 때릴 수가 있지."

김경철을 본 병원의 의사와 간호사가 놀라서 고개를 저었다.

김경철은 다음 날 오후 세 시 광주국군통합병원에서 숨을 거두었다. 자신이 왜 죽도록 맞았는지 끝까지 알지 못한 채, 그는 그렇게 광주의 첫 번째 사망자가 되었다.

5·18민주화운동이 민주주의에 미친 영향은 무엇일까요?

5·18민주화운동 이전까지 우리의 현대사는 독재 정권과 군사 쿠데타로 얼룩져 있었습니다. 군사 정권 시절 민주주의를 부르짖던 사람들은 감옥에 갇히고 국민들의 인권과 자유는 억압당했습니다.

하지만 5·18민주화운동 때는 광주 시민들이 자발적으로 당당히 나서 독재 정권에 저항했습니다. 정치가, 대학생뿐만 아니라 남녀노소 모두가 민주주의에 대한 열망으로 계엄군과 싸웠고 전두환 정권의 불법과 폭력을 만천하에 알렸습니다.

5·18민주화운동 정신은 1987년 6월 항쟁으로 이어져 대한민국의 민주주의를 앞당기는 계기가 되었습니다.

오늘날에도 인권은
무시당하고 있나요?

당시 광주 시민들의 인권은 처참히 짓밟혔습니다. 이런 비극은 끝나지 않고 오늘날까지 이어지고 있습니다. 왕따, 학교 폭력, 성희롱, 장애인 차별 등 여전히 인권이 존중받지 못하고 무시당하는 경우가 많습니다.

어떤 사례가 있는지 생각해 보고 인권이 존중받지 못하는 경우에 우리는 어떻게 해야 하는지 이야기 나누어 봅시다.

공수 부대원들의
화려한 휴가*

다음 날인 5월 19일, 소식을 듣고 사람들이 더 모여들었다. 가족 소식을 들으러 나온 사람들도 있었고 오늘도 어제 같은 일이 일어날까 걱정이 되어 나온 사람들도 있었다.

"어제 맞아서 끌려갔다는 사람들은 어디로 갔을까요?"

"내 아들놈이 대학생인데 죽도록 맞은 거 아닌가 모르겠소."

많은 사람들이 가족을 찾아 거리를 헤매고 다녔다.

길에는 장사하는 사람, 중년의 남자, 아직 어린 티가 얼굴에 묻어

---

* 당시 시위를 진압하기 위한 군의 공식 작전 명칭은 '충정 작전'이었다. 그러나 일반 사람들은 공수 부대의 무자비한 진압 행위를 비꼬는 의미로 '화려한 휴가'라고 불렀다.

있는 구두닦이 소년, 아이와 함께 지나가는 여자들도 있었다.

월요일 아침이라 학교에 가는 어린 학생들이 흔하게 보였다. 언뜻 보기에는 전과 다름없는 시내처럼 보였다. 어제의 일들이 자신과는 상관이 없을 거라 생각하고 생업에 종사하는 사람들이 많았다.

하지만 도시 한쪽에서는 지나가는 젊은이들을 공수 부대원들이 무참하게 두들겨 패고 있었다. 피를 흘리며 도망치는 사람들을 끝까지 쫓아가 쓰러질 때까지 때리고 발로 찼다. 전날의 충격과 분노에 휩싸인 사람들은 중심가인 금남로로 모여들었다. 열 시쯤 되니 4천여 명의 군중이 모였다.

군인들이 앞에 있는 몇 명을 잡아 때리자, 시민들은 우우 하며 야유를 퍼부었다. 젊은 사람들 몇몇은 돌멩이와 병을 던지기도 했다. 길가에 있는 화분을 던지고 보도블록을 깨뜨려 던졌다.

"내 새끼 내 놔라. 내 새끼 어디 있냐?"

울음 섞인 아저씨의 고함 소리에 시민들 마음속 울분이 터져 나왔다.

"저, 저놈들이 죄 없는 우리 가족을 때렸소."

"지나가기만 해도 때리고 잡아갔답니다."

"끌고 간 사람들은 어디에 있느냐, 이놈들아."

모여든 사람들은 대학생보다 일반 시민들이 더 많았다.

우리의 소원은 통일 꿈에도 소원은 통일
이 정성 다해서 통일 통일을 이루자
이 겨레 살리는 통일 이 나라 찾는 데 통일
통일이여 어서 오라 통일이여 오라

사람들은 〈우리의 소원〉과 애국가를 부르며 똘똘 뭉쳤다. 어제
처럼 무참하게 맞게 될 경우 저항하려는 마음이었다. 시위대를 앞
에서 이끈 지도자도, 주동자도 없었다. 평범한 시민들이 분노에 차
서 모였을 뿐이었다.

다시 투입된 공수 부대원들은 시민들에게 진압봉을 마구 휘둘렀
다. 눈에 보이는 사람들은 모두 다 총검으로 때리고 찔렀다.

"이놈들아, 우리를 다 죽일 셈이냐? 죽여라, 죽여! 광주 사람들을
다 죽여 보란 말이다!"

사람들은 맞아 쓰러지며 울부짖었다. 도망가다 맞은 사람, 쓰러
진 사람을 도와주다 대검에 찔린 사람, 피투성이가 된 채 가족을
찾는 사람으로 광주 시내는 피비린내 나는 지옥으로 변했다.

"아니 어린 여학생을 이렇게 심하게 때리면 어쩐대요? 피가 많
이 나잖소."

지나가던 시민이 두들겨 맞는 여학생의 피를 닦아 주며 항의하
자 공수 부대원이 행인의 머리를 세게 내리쳤다.

"뭔 말이 많아? **빨갱이**• 새끼들."

머리를 몇 대 얻어맞은 아저씨는 그만 여학생 옆에 쓰러져 버렸다.

길거리에서 붙잡힌 시민들은 머리채를 잡힌 채 공수 부대원들에게 끌려다녔다. 군인들은 팬티만 남기고 그들의 옷을 모두 벗겼다.

"이 새끼들 이래 놔야 도망을 못 가지."

그들은 시민들에게 팬티만 입히고 두 손을 뒤로 묶은 채 머리를 땅에 대고 엎드리게 했다. 몸이 휘청거리면 어김없이 군홧발이 날아왔다.

"똑바로 못해, 이 빨갱이 새끼들아. 우리가 네놈들을 죽여 놔야 이 나라가 산다고, 알겠어?"

시내 곳곳에서 여자나 남자나 속옷만 입은 채 구타당하는 모습을 볼 수 있었다. 공수 부대원들은 사람들을 가축처럼 끌고 다녔다.

공수 부대원들의 만행을 본 경찰들도 놀라기는 마찬가지였다.

"저러다 광주 사람들 다 죽이겠네."

경찰들은 골목을 지나가는 사람들을 붙잡고 사정했다.

"어서 어서들 집에 들어가세요. 공수 부대한테 걸리면 다 죽어

• 공산주의자를 비하하는 말로 보수 세력이나 친일 세력들이 자신과 반대되는 세력을 몰아붙일 때 쓰이기도 한다.

요. 밖에 나오면 큰일 나요. 우리도 막을 수가 없어요."

시위대 진압을 맡았던 경찰 간부가 처참하게 다친 시민들을 보고 눈물을 흘릴 지경이었다.

밤늦도록 비명 소리와 때리는 소리가 광주 시내 골목골목에 울렸다. 사람들은 두려움에 밤새 잠을 이루지 못했다.

"도대체 무슨 일이 난 거야. 갑자기 군인들이 왜 사람들을 때리고 죽일까. 이거 무서워서 살겠나. 설마 전쟁이 난 건 아니겠지?"

이러한 광주의 상황을 다른 도시에서는 전혀 알지 못했다. 광주의 끔찍한 소식은 뉴스에 전혀 나오지 않았고 광주 시민들은 외부와 연락이 쉽지 않았다. 광주는 봉쇄되었고 외면당했다. 광주는 외롭고 무서운 싸움을 해야 했다. 나중에는 광주 시민들이 간첩에게 이용당해 폭동을 일으킨 무서운 무리들로 전국에 잘못 알려졌다.

그것이 신군부의 계획이었고 전두환의 바람이었다.

스물두 살의 청년 이민규는 대학에 다니다 군대에 들어갔고 공수 부대원이 되었다. 1979년 10월 이후부터 공수 부대는 정규 훈련을 하지 않고 진압 훈련만 했다.

"오늘은 박달나무를 베어 진압봉을 만들 것이다. 박달나무는 쇠처럼 단단해 진압봉으로 쓰기에 딱 좋지. 한 대만 제대로 맞아도 쓰러질 테니까."

부대원들은 상관의 명령에 따라 산을 헤매며 나무를 베었다.

'이상하네. 북한군이 금방이라도 쳐들어올 것처럼 떠들면서 왜 전쟁에 대비한 훈련은 하지 않는 거지? 전투 훈련 대신 시위 진압 훈련을 겨울 내내 하다니.'

이민규뿐만 아니라 다른 공수 부대원들도 이상하다고 생각했지만 묵묵히 명령을 따라야 했다.

다음 해 2월이 되자 훈련은 더욱 혹독해졌다. 일명 '충정 훈련'이라는 폭동 진압 훈련을 위해 공수 부대원들에게 외박과 퇴근, 외출은 허락되지 않았고, 잠시도 쉴 수 없는 고된 훈련이 이어졌다. 정신 교육이라는 명목으로 받은 훈련은 그 어떤 훈련보다 더 무시무시한 것이었다.

"시위하는 사람들 속에 빨갱이가 있다. 북한 간첩이 있단 말이다."

"빨갱이들은 나라를 뒤엎으려고 하니 너희들이 몽땅 때려잡아야 한다."

"무자비하고 거세게 짓밟지 않으면 너희가 죽는다. 꼼짝 못하게 후려쳐라!"

"광주에 빨갱이들이 많이 숨어 있다. 광주 것들을 가만두면 안 된다."

고통스럽게 되풀이되는 정신 교육에 공수 부대원들의 마음속에 분노가 커졌다.

"빨갱이 새끼들 때문에 이게 무슨 고생이람."

"내 손에 걸리기만 해 봐라. 죽을 때까지 때려 줄 테다."

이민규는 동료들의 마음에 알 수 없는 분노와 미움이 걷잡을 수 없이 커지자 두려워졌다.

정신 교육을 맡은 강사와 훈련관들도 마찬가지였다.

"내가 말이야, 지난 부마사태 때 데모하는 새끼들을 진압한 부대 장이었거든. 우리가 진압봉을 휘두르며 발로 차고 때리면 여기저 기서 억 소리가 나고 피가 터졌어. 팔다리가 부러지고 머리가 깨지 는 것은 보통이었어. 절대 봐주지 않았거든. 그러니까 우리를 보면 슬슬 피하고 말을 잘 듣더라고. 죽기는 싫었던 거지, 하하하. 내가 그렇게 무서운 존재였다니까."

훈련관의 말에 부대원들은 '와아' 하고 소리치며 존경스럽다는 환호를 보냈다. 그곳은 인간을 사냥하듯 몰고 쫓고 때리는 군인이 영웅 대접을 받는, 비상식적인 훈련이 이뤄지는 곳이었다.

5월 18일 오후 늦게, 이민규와 그의 동료들은 기차를 타고 밤새 서울에서 광주로 이동했다. 드디어 출동 명령이 떨어진 것이다.

"전라도 새끼들을 다 죽여 버려야 돼."

"데모하는 새끼들은 다 빨갱이야. 우리가 때려잡지 않으면 나라 가 망한다고."

그들은 교육받은 대로 생각했고 분노했다. 공수 부대원들은 시위하는 사람들을 무자비하게 때리고 짓밟을 준비가 충분히 되었던 것이다.

상관의 명령에 공수 부대원들이 시위대 앞으로 뛰어나갈 때 이민규는 거의 떠밀려 나가다시피 했다. 이민규는 상관과 동료들, 시위대 모두가 무서웠다. 거침없이 사람들을 후려치는 동료들 사이에서 이민규는 눈을 꼭 감고 진압봉을 휘둘렀다.

이민규는 마음보다 진압봉을 쥔 손이 먼저 나갔다. 때리지 않으면 맞을 것 같았다. 나라를 지키려면 잔인하게 시위대를 진압해야 한다고 끊임없이 누군가의 목소리가 들려왔다.

"무조건 휘둘러 때려잡아야 해. 그래야 무서워서 반항하지 못할 거야. 나라를 망치려고 하는 사람들이니 얼마든지 잔인하게 다뤄도 괜찮아."

이민규의 귀에 사람들의 비명 소리와 상관의 고함 소리가 뒤엉켜 들려왔다. 그 소리는 이민규와 공수 부대원들의 머릿속을 엉망진창으로 헝클어 놓았다. 공수 부대원들은 미친개처럼 날뛰었다. 마음속 깊은 곳의 폭력성이 불붙은 것처럼 타올랐다.

이민규와 부대원들은 지나가는 택시를 붙잡아 세웠다.

"너희들, 다 내려!"

공수 부대원들이 택시 기사와 승객들을 강제로 붙잡아 내리게 했다. 하얀 와이셔츠를 입은 젊은 남자와 빨간 치마에 색동저고리를 입은 새색시가 차에서 끌려 나왔다.

'저, 저들은 방금 결혼한 신혼부부가 아닌가.'

시위와 상관없이 신혼여행을 가기 위해 택시로 이동 중인 부부인 것을 이민규는 한눈에 알아보았다. 다른 부대원들도 그만한 눈치는 없지 않았다. 하지만 상관없었다. 그들은 광주 시민이었고 무찔러야 할 폭도였다. 신랑은 군인들의 발길질에 얼굴을 감싸고 데굴데굴 구르며 비명을 질렀다.

"아이고, 나 죽네. 살려 주세요."

신부의 고운 한복 치마가 갈가리 찢겼다.

"사람 살려. 사람 살려."

신부는 군홧발에 걷어채면서도 눈을 뜨지 못하고 뒹구는 신랑에게 기어갔다.

이민규는 주위를 둘러보았다. 자신들을 보고 있는 광주 시민들이 있었다. 공포와 분노로 이글거리는 시민들의 눈빛이 심장을 마구 찌르는 것 같았다. 이민규는 눈을 감았다. 눈을 뜰 수가 없었다. 보이는 것은 간첩도 빨갱이도 아닌, 내 이웃일 수도 있는 아주머니, 어린 학생, 노인이었기 때문이다.

'정말 이렇게 무자비하게 때려야 간첩을 잡을 수 있을까? 저 사람들 사이 어디에 간첩이 숨어 있는 걸까?'

다른 공수 부대원들은 고민도 망설임도 없었다. 명령대로 휘두르고 찍어 누르고 조롱하며 끌고 갔다.

"전라도 새끼들은 전부 없애 버려도 끄떡없어."

상관의 말에 부대원들은 낄낄거리며 자신들이 대단한 일을 하고 있는 양 으쓱거렸다.

"내가 오늘 몇 놈을 잡았는지 알아? 전라도 놈들이 내 손에 여럿 죽었다고!"

얼굴에 튄 피를 옷소매로 닦으며 웃는 공수 부대원들은 그동안 훈련받으며 고생한 것에 대한 화풀이를 톡톡히 한 것이 흐뭇했다.

진압한 사람들을 트럭에 싣고 있는데 다리를 다친 할머니가 절뚝거리며 오더니 이민규를 붙잡았다.

"도대체 어느 나라 군인들이여? 우리나라 군인 아니제? 대한민국 군인들이 이럴 리가 없제. 군인들은 우리를 지켜 주는 사람이니께 말이여."

옷과 얼굴이 피범벅이 된 중학생도 물었다.

"북한에서 내려온 공산군이요? 그래서 우리를 이렇게 죽이라고 하는 거요? 사실대로 말해 보소, 네?"

이민규는 할머니와 중학생의 울음 섞인 물음에 어처구니가 없어 피식 웃음이 났다.

'당신들이 빨갱이라고! 광주 시민들이 간첩이라고 해서 잡으러

왔는데 오히려 우리가 공산군이냐고?'

이민규는 두 사람을 뿌리치고 휘청거리며 걸었다.

'어디서부터 무엇이 잘못된 걸까?'

이민규는 알 길이 없었다.

어둑어둑해지는 광주에는 가랑비가 내려 길가에 핏물이 흘렀고 사람들의 발걸음은 땅속으로 꺼지듯 무거웠다.

▶
공수 부대의 진압에
힘없이 엎드린 시민들

▶
공수 부대원이 시민을
곤봉으로 잔인하게
내려치기 직전 모습

광주 시내의
경찰들은 어땠을까요?

5월 18일 이전에는 경찰들이 시위하는 사람들을 진압했습니다.

시위대는 질서 정연했고 폭력적이지 않았기 때문에 경찰은 그들을 강력하게 제압하지 않았습니다. 오히려 경찰국장과 전남대 학생회장이 시위 전에 만나 계획을 이야기하고, 질서를 지켜 줄 것을 서로 당부하며, 학생과 경찰 모두 다치지 않게 조심하자고 약속할 정도였습니다.

하지만 계엄군이 광주를 점령하자 경찰은 허수아비가 되어 버렸습니다. 광주 시민들이 무참히 두들겨 맞는 것을 보고도 아무것도 할 수가 없었지요. 이에 경찰 간부들은 군 장교들에게 시민들에게 너무 심하게 한다고 적극적으로 항의하기도 했습니다.

안병하 전라남도 경찰국장은 시위대에 발포하라는 계엄군의 명령을 거부했습니다. 그리고 시민들 중 부상자가 생기자 치료를 도와주고 음식을 제공했습니다. 이것을 알게 된 전두환은 안병하를 직위 해제시키고 안병하는 합동수사본부에 끌려가 고문을 당했습니다.

결국 안병하는 1988년에 고문 후유증으로 사망하였고 2006년에 국가 유공자로 인정받았습니다.

공수 부대원들은 가해자였나, 또 다른 피해자였나?

5·18민주화운동 기간 동안 공수 부대원들을 포함한 군인 사망자는 23명, 군인과 경찰 중 부상자는 253명이나 되었습니다. 당시 공수 부대원들의 사망자는 대부분 서로를 적으로 오해해 총격전을 벌인 탓에 발생하였습니다.

공수 부대원들의 지나친 잔혹함 때문에 그들에게 술을 먹였다, 마약을 먹였다는 소문이 돌기도 했습니다.

5·18민주화운동이 끝난 후 공수 부대원들 중에는 잔혹한 진압과 살상에 따른 충격과 죄책감을 못 이겨 정신적으로 고통스러운 나날을 이어간 사례도 있습니다.

광주 시민들을 무참히 진압한 공수 부대원들은 가해자였을까요? 아니면 신군부 세력에 이용당한 또 다른 피해자였을까요?

광주 시민들의
반격

전두환과 신군부 세력은 광주를 꺾어 놓을 생각으로 공수 부대
원들을 투입해 무자비하게 진압했다. 그렇게 하면 광주 시민들이
무서워서 도망가거나 그 기세가 수그러들어 자신들에게 꼼짝 못할
줄 알았다. 더 당하는 것이 두려워 참고 받아들일 줄 알았다. 광주
가 신군부 세력에 무릎을 꿇으면 다른 지역 사람들은 당연하게 자
신들을 받아들일 터였다.

하지만 광주 시민들은 달랐다. 그들은 맞을수록 더 일어났고 위
협받을수록 더 맞섰다. 가족들이, 이웃들이 죽어 가는 것을 보며 분
노했고 그 분노는 사람들에게 용기와 힘을 주었다. 내가 나서지 않
으면 더 많은 사람들이 희생당한다는 것을 알기 때문에 물러서지

않았다. 광주 시민들은 분노한 만큼 강해졌고 외롭고 두려울수록
그들끼리 뭉쳤다. 전두환도 신군부도 예상 못한 일이었다.

20일 오후가 되자 광주 시민들은 중심가로 몰려들었다. 누가 시
킨 것이 아닌데 가족, 이웃, 친구끼리 금남로로 모였다.

"더 이상 광주 사람들이 죽는 꼴은 못 보겠소. 늙은이도 목소리
를 보태야지요."

"휴교령이라 친구들과 다 같이 나왔어요."

"내 조카가 공수 부대한테 맞아 죽었소. 나 참말로 가만 안 있을
라요. 이놈의 공수 부대를 박살 낼 때까지 나도 덤벼야겠소."

노인, 학생, 어린아이 할 것 없이 시민들은 거미줄 뽑아내듯 골목
골목에서 모여들었다.

"난리가 났는디 장사하면 뭣 헐 것이여."

"맞아, 광주 사람들을 다 때려죽이게 생겼는데 쫓아가야제."

시장의 상인들은 가게 문을 닫고 시내로 몰려갔다.

"타타탕탕탕."

최루탄이 발사되고 사람들이 흩어졌다. 하지만 곧 코 밑에 치약
을 바르고 물을 마신 뒤 다시 모여들었다. 처음보다 더 많이 모여
들어서 그 수가 수만 명을 넘어섰다.

곳곳에 태극기를 흔드는 사람들도 보였다. 처음 보는 사람들과

손을 잡고 어깨동무를 하며 한마음으로 움직였다.

"이놈들아, 차라리 우리를 다 죽여라. 죄 없는 국민들 죽이고 대통령 될라고 그러냐?"

"우리는 도망가지 않을 거다. 해 볼 테면 해 봐라."

"광주 시민들을 우습게 보지 마라. 잔악무도한 네놈들이 정권을 잡게 우리가 놔둘 것 같냐!"

모인 사람들은 〈투사의 노래〉 〈우리의 소원〉 〈아리랑〉을 불렀다. 〈아리랑〉을 부를 때는 노랫소리보다 흐느껴 우는 소리가 더 크게 들렸다.

"왜 우리나라 군인들한테 맞아 죽어야 되나요? 우리가 뭘 잘못했다고."

설움이 북받친 사람들은 엉엉 우느라 〈아리랑〉을 끝까지 부르지 못했다.

"우리가 죽어야 나라가 바로 선다면 우리 모두 이 자리에서 죽읍시다. 먼저 간 사람들과 함께 죽자고요."

사람들은 거세게 저항할 준비를 했다. 리어카와 자전거로 공사장에 있는 자갈과 각목, 잘라진 철근, 콘크리트 조각 등을 주워 날랐다.

시위 장소 근처에 사는 사람들은 물통과 세숫대야에 물을 채워 밖으로 날랐다. 학생들은 물수건과 치약을 사람들에게 나눠

주었다.

광주 시민이란 이유만으로 모두가 이웃이고 가족이었다. 그리고
그들은 점점 투사가 되었다.

오후 2시가 조금 넘었을 때 광주역에 택시들이 모였다. 택시 기
사 김 씨는 동료 기사들에게 자신이 겪고 본 일을 이야기하며 분통
을 터뜨렸다.

"우리가 뭔 죄가 있는가. 우리는 손님 실어 나르는 일밖에 더 하
는가. 세상에 손님을 태우고 가고 있는디 차를 세우드만 나랑 손님
들을 사정없이 발로 차고 때렸다니까. 여기 머리를 열다섯 발이나
꿰맸당께. 참말로 미친놈들 아닌가."

"말도 말게. 정 씨는 공수 부대한테 맞은 사람들이 병원에 태워
달래서 실어 줬다네. 아, 그랬다고 군인들한테 반쯤 죽게 맞아 부렸
어. 지금 꼼짝 못하고 집에 누워 있다니까."

연락을 받은 택시 기사들이 점점 더 모여들었다.

"가만히 있으면 안 돼. 사람들이 죽어 나가는디 우리가 어떻게
영업을 하겠는가. 나는 하루 종일 운전하고 다니면서 사람들 맞고
칼에 찔리는 것을 가장 많이 봤당께. 얼마나 끔찍한지 말로도 다
못해."

"우리 택시 기사들이 택시를 방패 삼아서 계엄군 놈들한테 쳐들

어가세. 기사들이 얼마나 센 놈들인지 보여 주자고."

김 씨의 말에 다른 기사들도 힘차게 고개를 끄덕였다.

"우리가 차로 막으면 공수 부대 놈들이 시민들을 패지 못헐 것 아니냐고."

택시 기사들은 저녁 여섯 시까지 무등 경기장으로 모이기로 약속했다. 여섯 시가 되자 많은 택시 기사들이 모여들었다. 머리에 붕대를 감은 사람, 다리를 절뚝거리는 사람들도 있었다.

김 씨는 운전대를 손으로 꽉 잡았다.

"까짓 거 한 번 죽지 두 번 죽냐. 맞아 죽기 전에 싸워 보고 죽어야지."

택시들이 두 갈래로 길을 나누어 금남로로 향하자 트럭과 버스들도 합류했다. 금남로 가까이 갔을 때는 대형 버스들이 헤드라이트를 켜고 앞장을 섰고 2백 대가 넘는 택시들이 줄을 지어 들어왔다. 공수 부대원들이 지키는 저지선을 향해 천천히 나아가는 모습은 마치 전쟁터에 나가는 철갑 병사들 같았다.

택시와 버스를 운전하는 기사들은 가장 앞에서 공수 부대를 막아 시민들을 보호하고 직접 최루탄, 몽둥이와 싸울 각오가 되어 있었다.

그것을 본 시민들은 박수하며 환호를 했다. 운전기사들이 앞장서자 시민들은 큰 힘과 용기를 얻었다.

"오메오메! 뭔 일이당가. 저 차들 좀 보소."

"용감한 기사들이 왔어요. 우리도 맞서 싸울 수 있어요."

"밥줄인 택시를 몰고 왔구먼. 인자 우리가 이기겠네, 이기겠어."

시민들은 눈물을 흘리며 기사들을 응원했다. 시위대는 돌멩이와 각목, 빨래 방망이를 들고 자신과 광주를 지키려 버스와 택시의 뒤를 따랐다.

공수 부대는 엄청난 양의 최루탄 가스를 시위대에 쏘았다. 앞이 보이지 않을 정도로 매캐한 연기가 퍼져 나갔다. 사람들은 구역질을 하고 기침을 하면서도 물러서지 않았다. 공수 부대는 차량 안으로 최루탄을 던지기도 했다.

연기 때문에 차량 밖으로 나온 사람들을 공수 부대원들이 마구 끌고 가 두들겨 팼다.

"곤봉으로 차 유리창을 깨라. 모두 다 끌어내."

공수 부대원들은 버스와 트럭 위에 올라가 있던 사람들을 끌어내리고 발길질을 했다. 불빛을 밝히지 못하도록 차의 전조등을 곤봉으로 내리쳐 깨 버렸다.

공수 부대의 거센 진압이 시작되자 여기저기서 비명과 울음이 터졌다.

"여기요, 여기. 사람이 죽어 가요. 누가 구급차, 구급차 좀 불러 주세요."

피를 흘리며 쓰러진 기사들을 일으켜 세우며 젊은 여자가 소리쳤다.

싸울 수 있는 사람들은 쇠파이프, 각목을 휘두르며 공수 부대원들에게 덤벼들었다. 물러설 수가 없었다. 물러서면 뒷사람들이 짓밟히기 때문에 맞으면서도 나아가야만 했다.

공수 부대 한 명이 저지선 앞에 있는 고속버스 안에 최루탄을 던졌다. 운전하던 기사는 지독한 최루 가스에 정신을 잃을 것 같아 차에서 뛰어내렸다. 그가 운전대를 놓치는 바람에 버스가 멈추지 않고 줄 지어 있는 경찰들에게 달려들어 결국 네 명의 경찰이 차에 치여 사망하고 몇 명은 부상을 입고 말았다. 이미 금남로의 도로는 버스와 택시, 사람들로 꽉 막혀 부상자들을 병원으로 나를 수가 없었다.

"이 빨갱이 새끼들이 우리도 죽이겠군. 가만두지 않겠어."

지켜보던 공수 부대원들에게도 공포와 긴장이 몰려왔다.

그때 한 경찰관이 스피커를 통해 소리쳤다.

"여러분, 여기 경찰들이 버스에 치여 다쳤습니다. 지금 병원에 가지 않으면 큰일 납니다. 이 사람들이 치료받을 수 있도록 길을 비켜 주십시오."

방송을 들은 시민들은 옆으로 비켜서면서 길을 터 주었다. 다친 경찰들은 무사히 전남대병원으로 가서 치료를 받았다.

저녁이 되자 사람들이 더 많아져 도청의 분수대 앞 도로는 군중으로 꽉 차 지나다니기 힘들 정도였다. 이제 멈출 수 없는 싸움이 되어 버렸다.

신군부의 장교들은 광주에서 일어나는 일을 보고 당황했다.

"하루 이틀만 뭉개 버리면 꼼짝 못 할 줄 알았는데. 정말 지독하군."

"때릴수록 더 일어나니 앞으로 쉽지 않겠어."

신군부 세력은 여러 부대에 요청하여 광주로 더 많은 군인을 불러 모았다. 정권을 차지할 야욕에 그들도 역시 포기할 생각이 없었다.

광주 시민들은 지도자도 없이 십만 명이 넘는 시위대가 움직였다. 이렇게 되기까지 광주 시민들 마음에 불이 꺼지지 않게 하는 한 여성이 있었다.

전옥주라는 여성은 용달차를 타고 다니며 사람들에게 맑고 낭랑한 목소리로 방송을 했다. 그의 호소력 짙은 목소리는 시민들이 마음을 다잡는 데 큰 힘을 발휘했다.

"광주 시민 여러분, 공수 부대들을 가만두어서는 안 됩니다. 살인마 전두환은 물러나라. 우리 자식, 광주의 자식들을 전두환은 살려 놓아라."

그의 애절한 말소리에 시민들은 죽어 간 이웃과 가족을 떠올렸

고 자신들을 마구 때린 군인들에 대한 분노가 치솟았다.

전옥주˚의 방송은 시민들의 마음만 흔든 것이 아니었다.

"계엄군 아저씨, 당신들은 피도 눈물도 없습니까? 도대체 어느 나라 군대입니까?"

"경찰 아저씨, 당신들은 우리 편입니다. 우리를 도와주십시오."

"도청 광장을 잠시만 내어 주면 우리는 평화적으로 시위를 하고 물러나겠습니다."

"경찰 아저씨, 최루탄을 쏘지 마십시오."

"우리는 맨주먹입니다. 그러나 우리는 꼭 이깁니다."

공수 부대원들도 그의 목소리에 귀를 기울일 정도로 음성이 또 렷하고 맑았다. 이민규와 그의 부대원들은 전옥주의 목소리를 듣고 수군거렸다.

"와, 저 여자 뭐야? 목소리가 귀에 쏙쏙 잘 들어오는데?"

"방송국 아나운서 아니야? 말도 정말 잘해."

이민규는 전옥주의 방송에 온몸에 소름이 오소소 돋았다.

'이 목소리는 시민들의 마음을 그대로 보여 주고 있어. 얼마나

˚5·18민주화운동 당시 길거리 방송을 통해 광주 시민들의 마음에 불을 지피고 힘을 모으는 데 앞장을 선 사람이다. 그는 22일 보안대에 붙잡혀 간첩으로 몰리며 온갖 고문을 당했다. 신군부 세력은 전옥주를 간첩으로 발표했고 그는 1년 가까이 감옥 생활을 하다 풀려났다.

화가 났는지 얼마나 슬픈지, 그리고 끝까지 싸우겠다는 의지가 들어 있어.'

이민규만 전옥주를 두려워하는 것이 아니었다.

"젠장, 저 여자 목소리만 들으면 왜 이렇게 겁이 나지?"

"그러게 금방이라도 시위대가 들이닥칠 것 같단 말이야. 잠도 안 자나 봐. 밤새 목이 쉬어라 방송을 한다니까. 정말 지독하다, 지독해."

특히 지휘관들에게 전옥주는 눈엣가시였다.

"저 여자가 방송할 때마다 광주 시민들이 더 흥분한단 말입니다. 방송하는 트럭 주위로 사람들이 몰려드는 것 좀 보세요."

"저 여자 방송을 듣고 경찰들도 눈물을 흘리지 않소. 가만 놔두어서는 안 됩니다."

공수 부대 지휘관들은 몇 번이고 전옥주를 저격해서 죽이려고 했다.

"이번에도 실패인가? 벌써 몇 번째야."

"죄송합니다. 시위대에 둘러싸여 있어서 뚫을 수가 없습니다. 시위대가 흩어져야 여자의 모습이 보일 것 같습니다. 지금은 총으로 쏘기가 힘듭니다."

무기를 가지고 훈련받은 계엄군들은 전옥주의 목소리, 자신들을 희생하면서까지 나서는 운전기사들, 무엇보다도 하나로 똘똘 뭉쳐 광주를 지키려는 시민들을 이겨 낼 수가 없었다.

그날 밤 16대대의 한 공수 부대원이 시위대의 화물 트럭에 깔려 사망하는 사고가 발생했다. 이것을 핑계로 군 지휘관들은 계엄군에게 즉시 실탄을 지급했다.

광주역의 시위대에게 느닷없이 총탄이 날아들었다. 무기가 없는 시민들에게 밤중에 군인들이 총격을 가한 것이었다. 총소리가 들리자 시위하던 사람들은 놀라서 흩어졌고 총을 맞은 사람들은 고통에 몸부림치며 바닥에 쓰러졌다. 다섯 명이 죽고 열 명이 넘는 사람들이 부상을 당했다.

"군인들이 국민에게 총질을 하다니. 국민들을 지키라고 세금을 내 훈련을 시켰는데 총부리를 우리에게 돌렸어. 세상에 어떻게 이런 일이 있을 수 있단 말인가."

광주 시민들은 총소리에 귀를 막으며 공포에 떨었다.

시위대 앞에 앞장서서 나서는 버스와 택시의 행렬 ▲

총을 메고 쫓아가는 계엄군과 맨몸으로 도망가는 시민군의 대조적인 모습 ▼

광주 시민들은 어떻게
시내의 소식을 알 수 있었을까요?

5월 20일부터 광주 시내에는 신문이 들어오지 않았습니다. 뉴스에서 광주의 소식을 다루지 않았고 광주에 폭동이 일어났다는 소식만 나중에 전해졌습니다.

계엄군은 광주 시내를 돌며 끊임없이 방송을 했고 시민들 사이에서는 각종 유언비어가 돌기도 했습니다.

대학생과 젊은이들은 광주 시민들에게 올바른 소식과 광주의 현재 상태를 알리기 위해 소식지를 만들었습니다. 대학생들과 들불야학, 백제야학, 극단 '광대'의 회원들이 유인물을 만들어 나누어 주었습니다.

그중에서도 녹두서점은 광주의 진실을 알리는 데 앞장섰고 항쟁 지도부가 회의를 하던 곳으로 5·18민주화운동의 중심 역할을 했습니다.

이들은 시위대의 활동, 계엄군의 만행, 외부의 소식 등 광주 시민들이 궁금해할 내용을 비교적 정확하게 만들었습니다. 덕분에 시민들은 광주의 소식을 알 수 있었고 더 똘똘 뭉치는 좋은 계기가 되었습니다.

언론의 올바른 역할은 무엇일까요?

5·18민주화운동 당시 신문과 방송에서는 광주 시민들이 간첩의 조종을 받는 폭도라고 뉴스를 내보냈습니다. 그 때문에 다른 지방 사람들은 오랫동안 광주의 5·18민주화운동을 폭도들이 일으킨 난동으로 알고 있었습니다.

전두환 정권은 왜 언론을 통해 광주 시민들이 폭도라고 거짓 보도를 했을까요?

요즘도 거짓 보도와 가짜 뉴스를 일삼는 언론이 있습니다. 언론의 올바른 역할은 무엇이고 거짓 보도를 막는 방법은 무엇일까요?

시민들에게
총을 쏘는
군인들

21일 새벽, 더 많은 병력이 광주에 투입되었다. 그 새벽부터 광주와 외부를 연결하는 시외 전화가 끊겼고 차량과 열차도 광주 시내로 들어갈 수 없었다. 광주 시민들은 시내 상황이 어떻게 돌아가는지 궁금했지만 알 수가 없었다. 신문은 들어오지 않았고 방송은 광주에 대해 거짓말만 늘어놓았다.

아침부터 금남로에는 사람들이 몰려들어 시위대가 5만여 명을 넘어섰다. 이민규와 공수 부대원들은 지휘관으로부터 뜻밖의 명령을 받았다.

"지금 이 시간부터 당분간 시민들에 대한 무차별 공격을 중단하라는 명령이 떨어졌다. 사람이 많이 모여 있을 때 진압을 하면 시위대가 더 들고 일어설 것이다."

명령을 받은 공수 부대원들은 안도의 한숨을 내쉬었다.

"시위대 숫자가 너무 많아 겁이 난다니까. 저 많은 수가 데모하러 나온다는 게 말이 돼? 그렇게 얻어맞고도?"

"차량으로 밀어붙이고 쇠파이프를 휘두르잖아. 우리도 위험한 상황이 몇 번이나 있었다고. 아 정말 이제 지친다, 지쳐."

이민규도 어서 이 상황이 끝나기만을 빌었다. 하루빨리 광주를 떠날 수 있기를 마음속으로 간절히 바랐다. 그것은 동료 부대원들도 마찬가지였을 것이다. 얼굴에 그려진 공포와 피곤함이 그것을 말해 주고 있었다.

광주 시민들은 공수 부대 대대장을 찾아가 계엄군을 철수하고 폭력 사용을 금지할 것을 요구했다. 그리고 끌려간 사람들을 즉시 석방해 달라고 했지만 돌아온 답변은 그럴 수 없다는 것뿐이었다.

시민들은 광주 시장과 도지사를 만나 협상을 하기로 하고 방송을 하는 전옥주, 공무원인 김범태와 전남대 학생인 김상호, 시민 한 명을 대표단으로 뽑아 보냈다.

구용상 광주 시장과 장형태 도지사, 시민 대표들이 도청 안에서 만났다.

"도지사님, 세상에 이게 어떻게 된 일입니까? 계엄군이 광주 시민들을 이렇게 짓밟게 놔두실 겁니까?"

시민 대표들의 항의에 도지사는 두 볼을 양손으로 문지르며 어쩔 줄 몰라 했다.

　"나도 시민들 못지않게 분노하고 있다는 것을 알아주십시오. 정말 어이없고 이해가 안 됩니다. 원래 계엄군이 들어오면 먼저 도지사에게 상황을 보고해야 맞는 것입니다. 그런데 어떻게 진행되는지 전혀 보고받지 못하고 있어요. 나도 정말 답답합니다."

　시민 대표들은 단호하게 말했다.

　"계엄군을 철수하라고 해 주세요. 잡혀간 사람들도 풀어 주고요. 계엄군은 잘못을 인정하고 사과해야 합니다. 그러면 광주 시민들은 시위를 그만두고 각자의 생활로 돌아갈 겁니다."

　"노력해 보겠습니다. 계엄 당국을 설득해 시민과 협상할 수 있도록 자리를 마련하겠습니다."

　"도지사님, 시민들이 많이 불안해하고 있습니다. 계엄군도 바로 철수해야 한다니까요. 시민과 학생들 모두 즉각 풀어 주라고 하세요. 죄 없이 잡혀간 사람들이에요."

　시민 대표들은 도지사에게 협조를 요청했다. 도지사는 난감했다. 계엄군 철수나 연행자들을 석방하는 것은 자신의 권한을 넘어서는 일이었기 때문이다.

　'계엄군은 나에게 보고조차 하지 않는데 내가 철수하라고 하면 말을 듣겠어? 어떻게 한다……'

도지사는 차마 시민 대표들에게 안 된다고 말할 수가 없었다.

도지사는 고개를 끄덕였다.

"좋습니다. 그럼 우리가 협상한 내용을 시위대 앞에서 직접 발표해 주세요. 그래야 시민들이 믿고 따를 테니까요."

"내, 내가 직접 말이요?"

도지사는 광주 시장을 흘낏 보고는 살짝 고개를 끄덕였다.

시위대들은 〈아리랑〉과 〈선구자〉를 부르고 있었다.

"도지사님, 일단 제가 올라가서 시위대를 진정시키겠습니다."

먼저 단상에 올라간 시장은 마이크를 잡았다.

"광주 시민 여러분, 진정하십시오. 흥분을 가라앉히고 질서를 지켜야 합니다. 계엄군에게 우리의 요구를 전달하려면 여러분이 자제해야 합니다."

광주 시장의 말은 오히려 시민들을 흥분시켰다.

"뭐가 어째? 우리가 지금 흥분 안 하게 생겼냐? 시장이란 놈이 시민들이 죽어 나가는데 어디서 뭘 하다 이제 나와."

"저놈도 힘 없는 허수아비일 뿐이야. 아무것도 해결 못하고 구경만 하는 주제에!"

시장은 시민들의 거센 항의를 받았다.

"꺼져 버려! 집어치우라고."

"도지사 어디 있어? 도지사 나오라고 해!"

시민들이 흥분해서 도청 앞으로 조금씩 다가왔다.

"안 되겠소. 시민들 앞에 나섰다가는 맞아 죽게 생겼소."

도지사는 사람들 앞에 나서는 대신 헬기를 타고 방송했다.

"여러분, 모두 진정하십시오. 도지사 장형태입니다. 12시까지 계엄군을 철수시킬 테니 모두 해산하십시오. 잡혀간 사람들도 모두 석방할 테니 모두 집으로 돌아가세요."

광주 시민들은 도지사를 신뢰할 수 없었지만 방송이 마지막 희망이라 생각했다.

12시가 되었지만 도지사가 약속한 계엄군의 철수는 이루어지지 않았다. 신군부의 계엄군들이 도지사의 말을 들어줄 리가 없었다. 시민들은 이제 군인들과 직접 싸워야 함을 절실히 느꼈다. 자신들 외에는 누구도 광주 시민들을 위해 싸워 주지 않을 것을 알았기 때문이다.

오후 1시가 되자 공수 부대와 시민들이 대치 중인 금남로에 갑자기 애국가가 울려 퍼졌다.

"어디서 나오는 소리지?"

"왜 애국가가 나오지? 무슨 뜻이야?"

사람들이 두리번거리며 어리둥절해할 때 공수 부대원들이 일제히 시민들에게 사격을 시작했다.

"탕타당탕탕."

"총이다. 군인들이 총을 쏜다!"

날아오는 총알과 귀를 찢는 총소리에 사람들은 비명을 지르며 흩어졌다. 공수 부대원들은 실탄 박스에서 꺼낸 탄창을 꺼내 각자의 총에 끼웠다.

이민규는 손가락이 움직이지 않았다.

'저들은 시민들이잖아. 적군이 아니라고. 그런데 어떻게 시민들에게 총을 쏜단 말인가. 엊그제까지 강경 진압을 하지 말라고 해 놓고. 자기들 마음대로 광주를 마구 파괴하는구나.'

총을 든 손이 덜덜 떨렸다. 이민규는 명령이 무서워 총을 쏘는 척만 했다. 주위 다른 부대원 몇몇도 차마 사람을 맞히지는 못했다.

"이 새끼들! 똑바로 안 해? 조준 사격하란 말이다. 사람을 향해 쏘라고, 새끼들아. 저들은 빨갱이야!"

지휘관이 소리를 지르자 군인들은 덜덜 떨며 시민들을 향해 총을 쏘았다.

'그래, 저들은 착한 시민이 아니야. 이 나라를 뒤엎으려고 하는 간첩이야. 북한에서 넘어온 빨갱이들이야. 나는 군인이니까 저들을 죽여서 나라를 지켜야 하는 거야.'

부대원들은 스스로에게 최면을 걸었다. 그래야 죄책감 없이 그들에게 총을 쏠 수가 있었다. 그들은 세뇌당한 괴물이 되어 있었다.

금남로 길바닥은 금세 피로 물들었다. 총에 맞아 피를 흘리며 죽어 가는 사람들이 보였다.

10분이 지난 뒤, 사격이 멈추자 시민들은 천천히 정신을 차렸다. 총격이 두려워 길 한복판을 피해 인도와 상가 앞에 몰려 서성거렸다.

대형 태극기가 휘날렸다. 사람들은 태극기를 흔드는 사람들과 함께 애국가를 불렀다. 눈물이 흘러 제대로 부르지 못하는 사람도 많았다.

그때였다. 몇 명의 젊은이들이 길 한복판으로 뛰어나갔다. 군인들에게 온몸이 노출된 채 그들은 구호를 외쳤다.

"전두환은 물러가라."

"계엄군은 물러가라, 물러가라."

시민들의 시선이 젊은이들에게 쏠렸다. 용감한 그들에게 박수를 보내기도 했지만 한편으론 걱정이 되었다.

태극기를 든 청년 한 명이 목청껏 소리 질렀다.

"계엄령을 해제하라."

"전두환은 물러가라."

총성이 몇 발 들리더니 청년은 태극기를 끌어안고 쓰러졌다. 청년의 다리와 가슴에서 나온 붉은 피가 태극기를 적셨다.

이민규는 깜짝 놀랐다. 선두에 있는 자신의 부대에서는 아무도

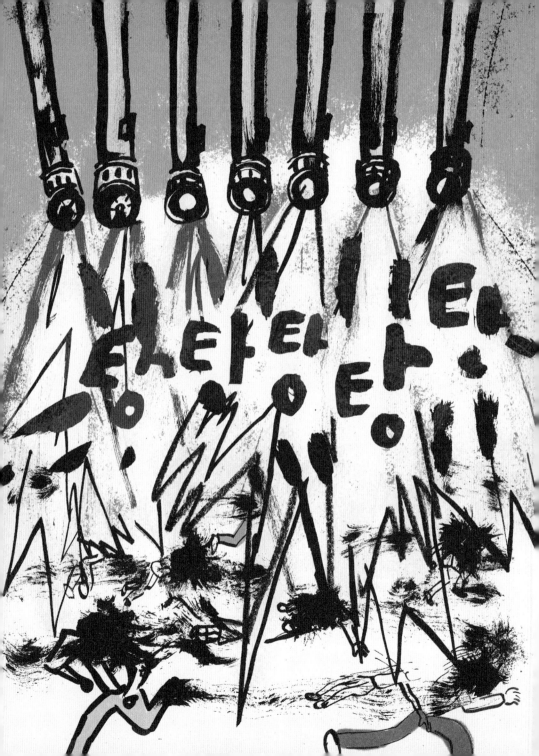

총을 쏜 사람이 없었기 때문이었다.

"그렇다면?"

이민규는 고개를 들어 주위의 건물들을 올려다보았다. 근처의 높은 건물에 저격수들이 보였다. 그들은 시위하는 시민들을 조준하고 있었던 것이다.

잠시 총성이 멈췄다. 용기 있는 젊은이들이 뛰어나가 시신을 들고 부상자들을 부축해서 데려왔다. 울분에 찬 청년들이 다시 태극기를 들고 도로 한복판으로 뛰어나갔다.

"전두환은 물러가라."

"계엄령을 해제하라."

또 귀를 찢는 총성 몇 발이 울려 퍼졌고 젊은이들이 피를 토하며 쓰러졌다. 시민들 몇 명이 거침없이 뛰어나갔다. 그러고는 시신을 거두고 부상자들을 데리고 왔다.

"광주 시민들은 살아 있다. 절대로 포기하지 않을 것이다."

시민들이 태극기를 흔들며 또 뛰어나갔다.

'안 돼. 안 돼. 더 이상 쏘지 마. 제발, 더 이상 나오지도 마.'

이민규는 빌딩 옥상과 길 한복판을 번갈아 보며 마음속으로 울부짖었다. 하지만 어김없이 총성이 울렸고 시민들은 또 앞으로 나왔다. 그리고 또 총에 맞았다. 죽는다는 것을 알면서도 시민들은 그렇게 뛰어나갔다. 분노가 두려움을 이기기 때문에 가능한 일이었다.

어김없이 군인들은 총을 쏘았고 시민들은 다시 뛰어나가 시신들을 끌어내야 했다. 상상도 할 수 없는 끔찍한 일들이 대여섯 번 반복되었다. 지켜본 시민들은 큰 충격을 받았다.

"세상에 나쁜 놈들! 시위를 막으러 온 것이 아니라 사람들을 죽이러 왔구나."

"광주 사람들 씨를 말리겠네. 세상에 이런 법이 어디 있다요. 사냥하는 짐승도 아니고 어찌 죄 없는 사람들을 이렇게 죽인다요."

시민들은 울부짖으며 부상자들을 병원으로 옮겼다. 억울하게 죽어 간 젊은이들의 피를 닦지 못한 채 눈물로 시신들을 씻겨야 했다.

광주 시민들의 투쟁은 멈추지 않았다.

"우리는 인자부터 시작이여. 군인 놈들이 탱크가 있고 총이 있어도 난 하나도 안 무서워. 내 자식을 죽였는디 가만 있을 줄 알어?"

자식을 잃은 어머니와 아버지, 남편을 잃은 아내, 동생이 다친 누나, 감옥에 간 손자를 둔 할아버지가 시위에 참여했다. 소중한 사람을 잃은 그들은 누구보다도 강하고 간절했다. 전두환이 가장 무서워해야 할 사람들이었다. 더 이상 잃을 것이 없을 때 사람들은 가장 무서워지는 법이다.

전남대학교 2학년 학생인 송민아는 집에 들어오자마자 엄마에게 등짝을 얻어맞았다.

"이 속없는 가시내야. 지금이 어느 때라고 빨빨거리고 돌아다녀? 죽고 잡아 환장했냐?"

민아는 엄마의 매서운 손을 이리저리 피하며 변명했다.

"대낮인데 어때. 잠깐 현주 만나고 왔어. 친구들 소식 좀 들으려고."

"지금이 친구 만나고 돌아다닐 때여? 군인들이 사방 데서 총질을 한단 말이다. 젊은 여자들은 고등학생이고 대학생이고 잡혀가서 군인들한테 몹쓸 짓을 당했다잖아. 미쳐 버린 아가씨들도 있다는디. 니가 속이 있냐 없냐."

어머니의 말에 오늘도 장사를 나가지 못한 민아 아버지도 거들었다.

"민아야, 너 오늘부터 절대 밖에 나가면 안 된다이. 우리 식구 모두 꼼짝 않고 집에 있어야 혀."

민아 어머니는 민아의 팔을 잡아 끌고 다락방을 가리켰다.

"너 지금부터 저기 올라가서 살어. 이 난리 통이 끝날 때까지 말이여. 엄마가 다락 청소해 놨으니께 니 물건 갖고 올라가."

"이렇게까지 해야 돼?"

민아는 퀴퀴한 냄새가 나는 좁은 다락방이 싫었다.

"가시내야. 군인들이 집집마다 들이닥쳐서 대학생들 다 잡아간 단 소리 못 들었냐? 느그 친구들은 그런 얘기 안 하드냐?"

"몰라. 현주는 과 친구들이 병원에서 환자들 간호하고 도와준다 고 자기도 간대. 나도 현주랑 같이 가고 싶은데……."

민아는 또 어머니에게 등짝을 맞을까 봐 조금 떨어져서 눈치를 보았다.

"니 참말로 엄마, 아빠 죽는 꼴 보고 싶냐? 니 오빠가 지금 닷새 째 살았는지 죽었는지 소식도 몰라서 가슴이 까맣게 타 부렸는디. 니까정 잘못되면 우리는 어떻게 살라고 그런 소리를 해 쌌냐. 절대 로 안 된다, 안 돼."

민아는 오빠의 얘기가 나오자 고개를 돌려 위층 오빠 방을 보았 다. 고등학교 교사인 오빠는 학생들이 괜찮은지 시위 현장에 가 봐 야겠다고 나간 후 집에 들어오지 않았다.

"데모하고 댕기는지, 아님 병원에 드러누워 있는지 알 수가 있 나. 옆집 성범이도 병원에서 시신으로 발견됐다고 안 허냐. 사람들 말로는 구덩이를 파서 시체를 묻어 버렸다고도 하든디. 인자 그라 믄 시신도 영영 못 찾는 거여. 아이고 내 새끼. 어쩌고 있는고."

민아 어머니는 손바닥으로 눈물을 훔쳤다.

"쓰잘데기 없는 소리 하덜 마. 어디선가 잘 있겠지 생각하자고. 지 발로 저 문으로 걸어 들어올 테지."

아버지가 한숨을 푹 쉬며 말했다.

민아가 속옷과 읽을 책 몇 권을 챙기는 동안, 어머니와 아버지는 이불을 펴서 창문을 막았다.

"집 안에다도 총질을 해 대니까 이렇게 이불로 막아야 돼. 옆집도 자고 일어났더니 집 벽에 총알이 네 발이나 박혀 있었다잖아."

집은 대낮인데도 어두컴컴해졌다.

"밥상이랑 요강이랑 계속 올려 줄 테니께 죽은 듯이 가만있어, 알았제?"

민아는 고개를 끄덕이며 다락방으로 올라갔다. 허리를 굽혀도 머리가 닿아서 일어설 수 없는 높이였다. 원래 자리를 차지하고 있었던 참기름과 매실액이 담긴 병들은 구석으로 밀려나 있었다.

"이건 완전히 안네의 일기네. 전쟁 중도 아닌데 다락방에 숨어서 지내고."

민아는 책을 꺼내 들었지만 낮에 현주와 나누었던 이야기가 계속 귓가에 맴돌았다.

"지금 대학생들뿐만 아니라 중학생, 고등학생, 노인들까지 다 나와 있어. 병원에도 일손이 모자라서 난리래. 어제 처음으로 시체를 닦아 봤다니까. 무섭기도 했지만 이 사람들 가족들은 어떡하지 싶어서 계속 눈물이 났어."

민아는 탁 소리가 나게 책을 덮었다.

'나는 살아남긴 하겠지만 이 난리가 끝난 후에 친구들 얼굴을 어떻게 보지? 그동안 뭘 했냐고 물으면 뭐라고 하지?'

민아는 숨어 지내는 게 영 마음이 불편했다. 잘못한 것도 없는데 죄책감이 느껴졌다.

오빠 때문에 마음 아파하는 부모님을 생각하면 몰래 도망 나가서는 절대로 안 될 일이었다. 젊은 여자들을 희롱하고 성폭행한다는 이야기가 돌아서 밖에 나가는 것이 무섭기도 했다.

'이렇게 많은 사람들을 죽이고 정권을 차지하려는 사람들은 어떤 사람들일까? 이런 식이면 국민들의 존경은커녕 미움과 원망만 받을 텐데. 그렇게 대통령이 되면 무슨 의미가 있을까?'

보통 사람이 이해할 수 없는 사람들이 정권을 잡으면 어떤 일이 벌어질지 생각할수록 끔찍했다.

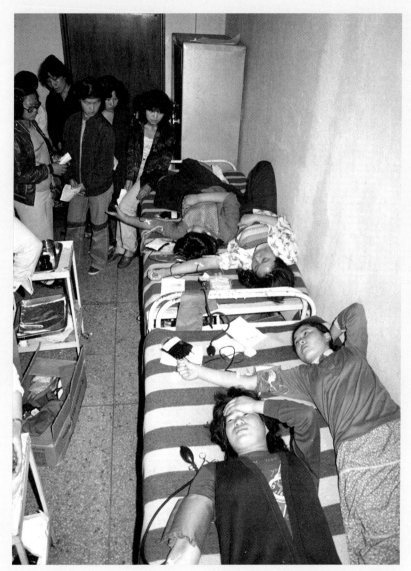

시민들이 부상자들을 위해 자발적으로 헌혈하는 모습 ▲

광주의 비극은
어떻게 알려졌을까요?

언론사들은 전두환 세력의 회유와 압박 때문에 광주의 진실을 알리지 못했습니다. 하지만 독일 공영 방송의 아시아 특파원인 힌츠페터를 비롯해 외신 기자 여러 명이 광주의 끔찍한 모습을 생생한 영상으로 찍은 덕분에 전 세계가 알게 되었지요.

일본에 있던 힌츠페터는 정부에 알리지 않고 광주로 몰래 들어왔습니다. 그는 공수 부대의 폭력에 무참히 살해되고 부상당하는 시민들의 모습을 촬영했습니다. 시민들을 향해 집단 발포하는 장면도 생생하게 담아 냈습니다. 본인도 목숨을 걸어야 하는 위험한 상황이었지요. 힌츠페터는 검문을 뚫고 일본의 도쿄로 가서 독일에 자료를 보냈습니다. 그 덕분에 5월 22일 전 세계는 5·18민주화운동의 진실을 알게 되었습니다.

힌츠페터는 다시 광주로 잠입해 시민군 활동을 촬영하며 5·18민주화운동의 역사를 담았습니다. 외신 기자 덕분에 전 세계는 광주의 진실과 아픔, 광주 시민들의 용기에 대해 알게 되었고 여전히 그날의 참상을 명백하게 접할 수 있습니다.

내가 만약 5·18민주화운동 당시 광주에 살았던 학생이라면요?

당시 많은 광주 시민들이 거리에 나가 5·18민주화운동에 참여했습니다. 어린아이부터 여자, 남자, 노인에 이르기까지 다양한 사람들이 함께했습니다. 시위대에 참여하지 않더라도 먹을 것을 나누거나 다친 사람들을 돌보는 일을 하기도 했습니다. 하지만 민아처럼 숨어서 꼼짝 못하고 있던 사람들도 많았습니다.

내가 당시에 광주에 살았던 학생이라면 어떤 행동을 했을까요?

광주 시민으로서 시위대에 나가 시위를 하는 게 옳았을까요?

아니면 부모님 말씀을 듣고 집 안에 있는 게 맞을까요? 그것도 아니라면 학생 신분으로 할 수 있는 일에는 어떤 것이 있었을까요?

총을
들어야만 했던
시민들

효덕국민학교 4학년인 전재수는 학교 근처에서 아이들과 신나
게 놀고 있었다.

"재수 네 차례야."

"알았어. 내가 멋지게 비석을 맞힐게."

전재수는 친구들과 비석치기를 했다. 조심스럽게 다리 사이에
넓적한 돌을 끼우고 엉덩이를 흔들며 걸어갔다. 서 있는 비석 앞까
지 다다랐을 때 그만 돌이 다리 사이에서 쏙 빠지고 말았다.

"으, 아깝다."

"하하하. 재수도 죽었어. 다음 차례 누구야?"

아이들이 깔깔거리고 있을 때 근처에서 무시무시한 총소리가 탕

탕 하고 들렸다.

"이게 무슨 소리야? 총소리야?"

학교 운동장에서 놀고 있던 아이들도 총소리에 깜짝 놀랐다. 운동장을 향해 총을 쏘는 군인들이 보였다.

"군인들이 우리한테 총을 쏘나 봐. 도망가자!"

아이들은 무작정 뒷동산으로 뛰었다. 전재수는 뒤도 돌아보지 않고 놀라 뛰었다. 그러다 그만 신고 있던 고무신이 돌 끝에 걸려 벗겨졌다.

"아이 참. 왜 이런 때 신이 벗겨지냐."

재수는 뒤돌아서 고무신을 주워 들었다. 그때였다. 전재수의 작은 몸에 총알이 쏟아졌다. 재수는 말 한마디 하지 못하고 고무신을 손에 쥔 채 총에 맞아 죽었다.

시위대뿐만 아니라 길거리를 지나가는 사람, 집 앞에 나와 있던 사람, 골목에서 남편을 기다리던 임산부도 총에 맞아 아기와 함께 세상을 떠나고 말았다. 심지어 냇가에서 물놀이를 하던 열세 살 아이들에게도 총격을 가해 숨지게 만들었다.

계엄군들은 헬기에서 조준하며 시민들을 쏘기도 했다. 전쟁 중에도 민간인들을 헬기에서 조준 사격하는 경우는 드물었다. 군인들은 살인을 해도 좋다는 허가를 받은 것처럼 마음 내키는 대로 사람들을 쏘았다. 광주 시민들은 전쟁보다 더 끔찍한 상황에 처해 있었다.

"가만히 있어도 사람을 쏴 죽이는 놈들입니다. 우리도 맞서려면 총이 있어야 해요."

"맞습니다. 스스로를 지키기 위한 최후의 방법이에요. 총이 있으면 공수 부대도 우리에게 함부로 총질을 못할 겁니다."

"무기를 찾으러 갑시다. 바보같이 가만히 앉아서 총에 맞아 죽기는 싫어요."

더 이상 참을 수 없던 젊은 남자들은 가까운 화순과 나주 지역의 예비군 무기고를 덮쳤다. 그리고 지역을 넓혀 영암, 해남, 무안, 함평까지 달려가 총과 탄환을 입수했다. 시위대가 무장한 시민군이 되는 순간이었다.

무기를 모은 사람들은 젊은이들에게 무기를 나눠 주고 총을 다루는 훈련을 시켰다. 훈련관들은 군인 출신 예비군이거나 예비역 장교들이었다.

"우리는 총을 처음 만져 본 사람들이 대부분이지만 공수 부대 원들은 특수 훈련을 받은 군인들입니다. 우리는 그들의 싸움 상대가 되지 못해요. 우리의 목표는 공수 부대원들과 전투를 벌이는 것이 아니라 우리를 향해 총을 쏘지 못하도록 대응 사격을 하는 겁니다."

젊은이들은 조를 나누어 교육을 받았다. 시민군 특공대의 지원자들이 너무 많아 할 수 없이 선발을 해야 했다. 너무 나이가 어린 사람, 처자식이 있는 사람들을 우선 제외하고 죽음을 각오한 사람들로 특공대가 편성되었다.

그날 오후 늦게 도청 공무원, 경찰, 계엄군들이 도청에서 철수했다. 뒤늦게 다음 날 아침에야 도청이 비어 있다는 것을 알게 된 시민들이 너도나도 도청으로 몰려갔다.

"도청을 지키자!"

"우리가 계엄군을 몰아냈다!"

공무원도 경찰도 없었지만 광주 시민들은 당황하지 않았다. 스스로 경찰이 되고 일꾼이 되면 되었다.

공수 부대가 물러간 도청 앞과 금남로에 모인 사람들은 전쟁을 치른 듯한 도시를 치우기로 했다. 군용 트럭은 청소차로 변신했고 중장비를 동원해 망가진 차들을 끌어냈다.

시민들이 도청과 시내를 정리하고 있을 때 도청은 시민군의 본부가 되었다. 전날 계엄군과 싸우기 위해 광주 공원에 모였던 시민군들은 자연스럽게 도청으로 옮겨 갔다. 언제 또 쳐들어올지 모르는 계엄군과 맞서 싸우려면 계획이 있어야 했다.

"계엄군으로부터 시민들을 지켜야 합니다. 하지만 우리에게는 또 다른 할 일이 있습니다. 지금 광주 시내에는 경찰이 없습니다. 우리 스스로 범죄가 발생하지 않도록 하고 부상자들을 돕는 일도

해야 합니다.”

시민군들은 계엄군에 맞설 전투 차량과 시민을 도울 차량을 나누었다. 모든 사람이 준비된 것처럼 질서에 맞게 움직였다. 그 누구도 대항하거나 다른 길로 빠지지 않았다.

며칠째 제대로 먹지도 못하고 씻지도 못한 시민군들은 초췌해 보였지만 광주를 지키겠다는 열망으로 사기가 높았다. 광주 시민들은 시민군을 따뜻하게 대해 주었다. 시민군들이 차를 타고 지나가면 달려나와 그들을 불러 세웠다.

“아이고, 먹고 댕겨야제. 얼굴이 못쓰겠구만.”

아주머니들은 주먹밥과 물을 건네주었다. 허겁지겁 밥을 먹는 시민군들의 얼굴을 수건으로 닦아 주기도 했다.

“느그 엄니는 걱정을 많이 하고 계실 것이다. 조심혀라이. 절대 다치지 말고. 고생 많은 내 자식들.”

약국 근처를 지나가면 약사가 차를 세웠다.

“이보시오. 이거 피로 회복제와 영양제요. 몇 박스 줄 테니까 시민군들 나눠 드세요.”

봉쇄된 광주 지역에 생필품이 들어오지 못하자 상인과 사람들은 차를 타고 나와서 사람들에게 필요한 물건을 나눠 주기도 했다.

“치약이랑 비누 있어요. 필요하신 분들 가져가세요.”

사람들은 욕심 부리지 않고 당장 쓸 것만 받아 갔다. 개인병원

의사들은 병원에 있는 약을 큰 병원에 보내 환자들을 치료할 수 있게 했다. 여자들은 아예 솥과 냄비, 칼, 도마를 들고 도청에 들어갔다.

"우리가 식사 준비를 하겠어요. 사람들이 먹어야 힘이 나서 돌아다니지요."

또한 그들은 방송실과 행정 지원 업무를 맡아 시민들의 편의를 돌보았다.

광주 시민들뿐 아니라 광주시의 변두리 지역에 사는 전라도 농민들도 광주를 위해 나섰다.

나주에 사는 농부 한 씨가 이장에게 말했다.

"이장님. 얘기 들으셨어요? 계엄군이 광주 시내로 물건을 못 들어가게 해서 음식을 못 먹는답니다."

"그래요? 우리한테는 무, 배추, 감자가 이렇게 많은데요? 우리가 광주 사람들을 도와야겠네요."

광주 주변 지역의 농민들은 수레에 농산물을 싣고 와서 광주 사람들에게 나눠 주었다.

무정부 상태에서 시민들은 스스로 자신들의 공동체를 만들었고 그 안에서 질서 있고 평화롭게 세상을 이끌었다. 어머니에게는 모두가 자식이었고 교사에게는 모두가 학생이었다. 서로에게 누나와 형, 할아버지와 손자가 되었다.

병원마다 가득 찬 환자 때문에 의사와 간호사들은 쉬지 못하고 환자들을 돌보았다. 봉사자들이 나서서 시신들을 닦고 장례 준비를 했다.

피가 모자라다는 소식을 듣고 헌혈하러 몰려든 사람들 때문에 큰 병원에는 긴 줄이 늘어섰다. 그곳에서는 실랑이하는 소리를 쉽게 들을 수가 있었다.

"어르신, 어르신은 헌혈이 안 됩니다. 돌아가세요."

"노인이라고 무시하는 것이여? 나는 술, 담배 안 해서 건강하단 말이여."

"아이고 그래도 안 됩니다. 집에 가서 쉬세요, 네?"

어린아이까지 헌혈을 하겠다고 찾아와 애를 먹는 경우도 있었다. 나중에는 헌혈을 하려는 사람들이 너무 많아 달래서 돌려보내야 할 정도였다.

경찰이 없어도 광주 시내에서는 범죄가 일어나지 않았다. 물건을 훔치는 사람도 은행을 터는 사람도 없었다. 부족한 것은 시민들끼리 나누고 얻으면 되었기 때문이다.

광주 시내는 평화를 찾아 가고 있었지만 계엄군이 주둔한 시 외곽은 그렇지 못했다.

광주시를 빠져나가려는 승합차들이 군인들의 총격을 받은 것이다. 대중교통을 이용할 수 없어서 광주 외곽으로 나가려는 사람들은 같은 방향으로 가는 차편을 얻어 타 이동해야 했다.

5월 23일 홍금숙은 집에 가기 위해 25인승 미니버스를 탔다. 버스 안에는 모두 18명이 있었는데 여고생을 비롯한 여성들 네 명이 타고 있었고 나머지는 모두 젊은 남자들이었다. 젊은 남자들 중 일부는 총을 들고 있었다.

"광주 시내에 관이 동이 났어요. 저희는 시신 넣을 관을 구하러 다니고 있어요."

시민군인 듯 보이는 남자들이 말했다.

미니버스가 주남마을 가까이 갔을 때였다. 군인 한 명이 나와 손을 들고 멈추라는 신호를 보냈다. 모두가 서로를 쳐다보았다. 군인이 시민들을 가만두지 않을 거라는 것을 알고 있었다. 운전기사는 얼른 지나가려고 더 속력을 내어 달렸다. 곧 차 안으로 총알이 쏟아졌다. 운전기사는 총에 맞아 쓰러졌고 버스는 멈췄다. 사람들은 비명을 지르며 엎드렸고 총을 가진 청년들이 버스 안에서 창문을 통해 총을 쏘다 포기했다.

"안 되겠어요. 이러다 다 죽겠어요."

"그래요. 그냥 항복해요."

청년들은 항복하겠다는 뜻으로 문 앞에서 총을 높이 들었다. 여학생들은 손수건을 흔들며 쏘지 말라고 울부짖었다.

"저희들 나갈게요. 쏘지 마세요."

"제발, 제발 쏘지 마세요."

그 말이 끝나자마자 군인들은 버스를 향해 총을 쏘아 댔다. 홍금숙은 놀라 의자 밑에 엎드려서 귀를 막았다.

홍금숙 옆으로 총에 맞은 시신들이 툭툭 쓰러졌다. 홍금숙은 온몸에 총알 파편을 맞아 너무 아팠지만 입을 막고 조용히 엎드려 있었다.

사람들의 비명 소리가 멎고 총소리도 멈추었다. 군인들이 차 안으로 올라왔다.

"살아 있는 놈이 있는지 확인해 봐."

군인들은 쓰러져 있는 사람들을 군홧발로 한 명씩 차며 확인했다. 홍금숙과 총에 맞은 청년 두 명은 살아 있다는 이유로 질질 끌려 나왔다.

세 명의 생존자는 군인들과 함께 경운기를 타고 산속으로 갔다.

"어, 어디로 가는 거예요?"

홍금숙이 용기를 내어 묻자 공수 부대원 중 한 명이 대검을 들이대며 겁을 주었다.

"유방 잘리고 싶지 않으면 입 닥쳐."

군인들이 모여 있는 산속에 이르자 세 명은 줄에 묶인 채 내려졌다.

"아, 귀찮게 왜 데리고 왔어. 그냥 없애 버리지."

상관의 말에 군인들은 청년 두 명을 손수레에 싣고 가서 총을 쏘았다. 관을 구하러 나온 청년들도 주검으로 남겨졌다.

'그, 그 사람들을 그냥 죽여 버린 거야? 나, 나는 어떻게 되는 거지?'

벌벌 떨고 있는 홍금숙에게 군인이 말했다.

"너만 한 여동생이 있어서 살려 주는 거야. 누가 물어보면 오늘 일은 절대 말해서는 안 돼, 알겠지?"

홍금숙은 입을 꼭 다물고 고개를 끄덕였다. 살아남은 홍금숙은 훗날 청문회에서 계엄군에 대한 결정적 증언을 했다.

광주 시내는 시신이 너무 많아 관이 모자랐다. **상무관**•에 흰 천과 태극기를 덮고 있는 관들은 그나마 사정이 나은 편이었다. 나중에는 관 없이 천만 덮인 채 놓여 있는 시신들도 많았다.

도청과 상무관에는 병원과 길거리에서 수습한 시신들이 계속 옮겨졌다. 몸이 잘리고 불에 그을리고 총구멍이 난 시신들을 본 시민들은 통곡을 하며 관에 못질을 했다.

•도청 광장 맞은편에 위치한 상무관은 원래 유도·검도 선수와 경찰과 일반인들이 이용하는 훈련장이었지만 5·18민주화운동 당시에는 희생자의 시신을 임시로 놓는 곳으로 쓰였다. 시민들은 상무관에서 희생자들을 추모하며 민주화운동에 대한 열망과 투쟁의 의지를 불태웠다.

시민들이 5·18민주화운동 기간에 식사와 생필품을 나누는 모습 ▲

상무관 안에 희생자들의 관이 줄지어 놓여 있는 모습 ▼

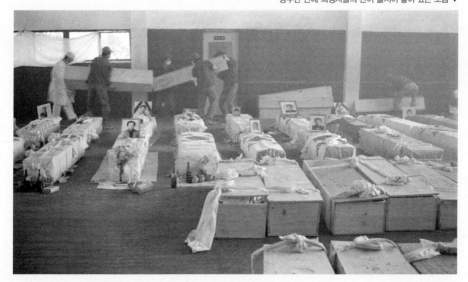

광주가 고통받고 있을 때 각 분야의 지도자들은 무엇을 했나요?

광주 시장과 도지사는 광주의 비극을 막기 위해 정부에 과잉 진압을 중단하라고 요구했습니다. 하지만 전두환은 "우리 아이들(공수 부대원들) 기죽이지 말라"며 유혈 진압을 오히려 부추겼습니다.

기관장들은 계엄군과의 협상에서 좋은 결과를 얻지 못한 채 시민들에게 무기를 반납하라고 요구만 해서 민심을 잃었습니다.

많은 사람들의 존경을 받던 김수환 추기경은 광주의 윤공희 대주교로부터 광주의 소식을 전해 듣고 깜짝 놀랐습니다. 김 추기경은 그 길로 전두환을 만나고 미국 대사에게 계엄군의 무자비한 폭력을 멈추어 달라고 호소하기도 했습니다. 하지만 아무도 김 추기경의 호소를 들어주지 않았습니다.

군인들 중에서도 과잉 진압을 반대하는 사람들이 있었습니다. 정웅 31사단장은 폭력적인 진압은 안 된다고 명령했지만 신군부 세력의 일원이었던 특전 사령관은 그 말을 듣지 않았습니다.

최규하 대통령은
어떻게 했어야 했나요?

신군부 세력의 꼭두각시로 전락해 버린 최규하 대통령은 광주 사태가 터지자 몹시 당황했습니다. 대통령도 모르게 전두환이 벌인 일이었으니까요. 최규하 대통령은 5·18민주화운동이 한창이던 기간에 신군부의 요구에 따라 광주 상무대에 내려갔습니다. 이때 대통령이 직접 도청에 들어가서 시민들을 만나 평화적인 해결책을 찾겠다고 말했습니다. 그러나 이미 유혈 진압 방침을 굳힌 신군부 세력은 위험하다는 이유를 내세워 반대했습니다.

광주 시민들은 대통령이 방문해서 시민들의 이야기를 듣고 적극적으로 문제 해결에 나서 줄 것을 기대했지만 아무것도 하지 못한 채 최 대통령은 돌아가 버렸습니다.

당시에 대통령인 최규하는 어떤 일을 해야 했을지 생각해 봅시다.

도청에서의
마지막 밤

광주 시민들은 누구보다도 이 사태가 빨리 끝나기만을 바랐다.
그래서 시민 대표를 구성해 계엄군을 찾아가 협상을 했다.

계엄군의 과잉 진압을 인정하라.

구속 학생 및 끌려간 사람들을 석방하라.

목숨을 잃은 시민과 재산의 피해를 보상하라.

발포 명령을 한 책임자를 처벌하고 국가 책임자는 사과하라.

사망자 장례식은 시민장으로 치러야 한다.

모든 일이 끝난 후 시민과 학생들에게 보복하지 말아야 한다.

이 요구를 들어준다고 약속하면 무기를 모두 반납하고

계엄군은 시민들의 요구를 들어주지 않았다.

"당신들 뭔가 착각하고 있군. 우리가 당장이라도 총을 쏘고 강력하게 진압하면 다 끝날 일이요. 조건 달지 말고 무조건 무기를 반납하고 항복하시오."

시민 대표들은 그 후에도 협상을 시도했지만 계엄군은 무시했다. 게다가 광주 시민들을 법과 질서를 무시하고 난폭하게 폭동을 일으키는 폭도로 규정해 시민들의 분노가 더욱 커졌다.

이대로 물러설 수 없다고 생각한 사람들은 시민 궐기 대회를 열었다. 시민들이 다 함께 모여 광주 시민의 의지를 보여 주는 단합 대회 같은 것이었다.

사상자들의 명단과 시신의 사진을 도청 앞 광장에 붙이고 구호가 쓰인 여러 현수막을 시내 곳곳에 걸었다. 15만 명이 모인 궐기 대회에서는 애국가를 부르고 목숨을 잃은 사람에 대한 묵념을 했다. 사람들은 음료수를 사 와서 근처의 사람들에게 돌리기도 하고 즉석에서 호주머니에 있는 돈을 모아 부상자를 위한 모금을 하기도 했다.

시민 궐기 대회가 끝나자 학생들이 희생된 친구들의 시신이 든 관을 들었다. 관 위에 대형 태극기를 덮은 학생들은 〈우리의 소원〉

을 부르며 관을 날랐다. 시민들은 노래를 따라 부르며 피어 보지도 못하고 군인들의 총탄에 희생된 어린 넋들을 위로했다.

전두환은 자신의 예상보다 광주 시민들이 오래 버티자 초조해졌다.

희생을 무릅쓰더라도 광주 사태를 빠르게 수습하길 바람

전두환은 이 메모를 통해 광주 시민들이 피를 흘리는 희생을 치르더라도 광주에서의 항쟁을 빨리 진압하라는 명령을 내렸다. 전두환에게 광주 시민은 보호해야 할 국민이 아니라 자신의 야심을 위해 파괴하고 짓눌러야 하는 적이었다.

"뭘 꾸물대는 거야? 탱크와 무장 헬리콥터는 뭐에 쓰려고 놔두는 거야. 그걸로 빨리 진압하라고!"

전교사령관인 소준열은 전두환과 신군부 세력의 독촉 전화를 여러 번 받았다.

"광주를 다 쓸어 버려야겠어. 빨리 끝내지 않고 뭐 하냐고 위에서 난리들이야. 탱크랑 무기 다 준비해!"

그는 이 사태를 끝낼 소탕 작전을 세웠다.

"아니, 전쟁 중인 것도 아닌데 그런 무기를 시민들에게 쓴다고요? 시위 진압이잖아요. 어떻게 국민들에게 무기를……."

반대하는 부하들도 있었지만 전교사령관은 무시하고 마지막으로 도청을 공격하기로 했다.

한편 민주화운동 지도부와 시민들은 그 시각 큰 갈등을 빚고 있었다. 무기를 다시 거둬들이는 문제였다. 어린 학생도 총을 만질 수 있을 정도로 통제가 되지 않았고 사격을 배우지 않은 사람들이 총을 가지고 다녀 위험했다.

"총을 거둬서 반납하면 군인들이 우리에게 더 이상 총을 쏘지 않을 것입니다. 광주 시민들의 안전을 위해 총기를 회수합시다."

반대 의견도 만만치 않았다.

"안 됩니다. 우리가 총을 가지고 있기 때문에 저들이 우리를 함부로 공격하지 못하는 것입니다. 총기를 반납한다면 계엄군에게 항복하는 것과 마찬가지입니다."

"무기가 도처에 너무 많이 널려 있습니다. 우리는 비폭력적인 방법으로 투쟁해야 합니다. 그것이 민주화 정신입니다."

총기 회수를 찬성하는 사람들이 시민군들을 설득했다.

"우리가 무기를 반납하면 계엄군들이 우리의 요구를 들어줍니까? 우리를 공격하지 않는다고 보장할 수 있습니까?"

총기 회수에 대한 찬성과 반대 의견이 팽팽하게 맞섰다. 누가 옳고 그른지 정해진 답은 없어 보였다.

시민수습대책위원회의 설득으로 많은 사람들이 총을 반납했고 거둬진 총은 정리되었지만 항쟁지도부 내부에서 갈등은 여전히 남아 있었다.

26일 오후 다섯 시쯤 부지사로부터 계엄군이 진입할 거라는 소식을 들은 시민들은 올 것이 왔다는 절망감에 빠졌다. 계엄군의 총공격은 광주 시민들에 대한 선전 포고요, 도청과 주요 건물을 지키는 시민들을 모조리 죽이겠다는 엄포였다.

"계엄군이 쳐들어옵니다. 이제 무기를 버리고 집으로 돌아가야 합니다."

"안 됩니다. 여기서 항복하면 그동안 억울하게 죽은 희생자들을 배신하는 것입니다."

많은 사람들이 회의 뒤 갈등하다 하나둘씩 도청을 빠져나갔다. 부모님이 와서 울며 아들을 데려가기도 했다.

결국 도청에는 마지막까지 계엄군과 싸울 항쟁지도부와 시민군들이 남았다. 여자들과 나이 어린 학생들은 집으로 돌아가게 했다. 하지만 끝까지 버티는 학생들도 있었다.

"형님, 이 녀석이 말을 안 듣는데요? 이제 고등학교 1학년인데 끝까지 남아서 싸우겠다네요."

어린 티가 나는 학생을 한 시민군이 **윤상원***에게 데리고 왔다.

"학생, 이름이 뭐지?"

"성현우예요."

"현우야, 싸움은 어른들이 할 테니까 너는 집으로 돌아가. 알겠지?"

윤상원의 말에 현우는 고개를 세차게 흔들었다.

"나는 절대로 안 가요. 총 들고 싸울 거예요. 친구가 계엄군에게 총 맞아 죽는 걸 봤어요. 내 친구는 잘못도 없는데 마구 총을 쏴 대서 맞았다고요. 내 손을 잡고 죽어 갔어요. 친구를 위해서 싸울 거예요. 안 그러면 평생 분하고 속상해서 못 살아요."

현우는 울먹거렸다.

"현우야, 내 말 잘 들어. 오늘 여기 있는 사람은 죽을 거야. 그런데 너는 죽어서는 안 돼. 그 이유를 아니?"

현우는 눈물을 닦으며 고개를 저었다.

"너는 살아남아서 네가 본 일, 우리가 겪은 일을 세상 사람들에게 알려야 해. 다른 지방 사람들이, 우리의 후손들이 광주를 기억할 수 있도록 네가 자라면서 아니 늙어서도 알려야 한다고. 네가 어른이 되면 세상을 바로잡도록 노력해. 네가 판사가 돼서 우리를 이렇

●시민군의 대변인으로 활동했던 윤상원은 들불야학 강사로 활동하며 광주 시민들에게 투사회보를 만들어 배포했다. 항쟁지도부의 대변인을 맡고 외신 기자들을 모아 기자 회견을 하며 끝까지 투쟁할 것을 맹세했다.

게 만든 놈들에게 벌을 줘. 네가 작가가 되면 이 이야기를 책으로 쓰고 선생님이 되면 학생들에게 광주의 민주화 정신을 가르칠 수가 있어. 네가 될 수 있는 무엇이라도 되어서 우리의 죽음이 헛되지 않았다는 것을 세상에 알려 줘. 그렇게 할 수 있지?"

"네, 형님."

현우는 엉엉 울면서 다시 보지 못할 윤상원의 얼굴을 똑바로 쳐다보았다. 그의 눈빛은 따뜻하면서도 빛이 났다. 죽음을 앞두고도 두려움이 없어 보였다.

결국 도청에는 3백여 명의 시민들만 남았다. 주로 대학생, 젊은 남자들이었다. 설득에도 불구하고 일부 고등학생들은 끝까지 남았다. 누군가 메가폰을 들고 소리쳤다.

"여러분, 광주를 위해 대한민국의 민주화를 위해 끝까지 싸우실 분들은 남고 나머지는 돌아가십시오. 우리는 마지막 한 명이 남을 때까지 계엄군과 싸울 것입니다. 그리고 모두 죽을 것입니다."

"우리는 도청을 지키겠습니다. 물러서지 않겠어요. 다 같이 죽겠습니다."

남은 사람들은 전두환의 독재를 막고 민주화를 이루기 위해 기꺼이 명예로운 죽음을 택했다. 벌써 며칠째 잠을 제대로 자지 못하는 힘든 날들을 보내고 있었지만 그들의 눈빛은 단호했다.

"우리는 오늘 여기서 패배할지도 모르지만, 내일의 역사는 우리를 승리자로 만들 것입니다. 끝까지 싸우는 우리는 진정한 승자입니다."

윤상원의 말에 시민군들은 박수하며 두려움을 떨쳐 냈다.

5월 27일 새벽, 계엄군은 '상무 충정 작전'이라는 이름으로 행동을 개시했다. 새벽 두 시쯤 사이렌이 울리자 깜박 잠이 든 사람들이 놀라서 일어났다. 그때까지 도청에 남아 시민군들에게 식사를 챙겨 주던 여성들은 마지막 식사로 빵과 우유를 나눠 주고 시민군들의 권유로 도청을 나와 근처 성당으로 피신했다.

새벽 세 시가 넘은 무렵, 광주 시민들은 애절한 여성의 목소리에 잠이 깼다.

"시민 여러분, 지금 계엄군이 쳐들어오고 있습니다. 우리는 끝까지 싸워서 광주를 지킬 것입니다. 우리를 잊지 말아 주십시오."

시민들은 도청으로 향하는 계엄군들의 소리를 들으며 두려움과 서러움에 숨죽여 울었다.

도청에는 총을 들고 방어 태세를 취한 시민군들이 계엄군을 기다리고 있었다.

"동지들, 천국에서 만나세. 자네들과 끝까지 싸워서 후회 없네."

"우리는 죽어서도 조국의 민주화를 도웁시다. 시민군 만세, 광주시민 만세!"

새벽 네 시, 도청 앞까지 밀고 들어온 계엄군들이 총을 난사하기 시작했다. 총소리와 함께 유리창이 깨지는 소리, 물건이 박살 나는 소리가 귀를 찢는 것 같았다.

시민군들은 총소리가 나는 곳으로 총을 쏘았지만 어둠에 앞이 보이지 않아 소용이 없었다. 총을 버리고 엎드린 사람, 이미 총에 맞아 쓰러진 사람, 총을 껴안고 우는 사람들 앞에 계엄군이 모습을 드러냈다. 계엄군들은 보이는 사람들을 모두 총으로 쏘아 버렸다. 항복의 의미로 웃옷을 벗고 흔들며 나가는 사람을 쏘기도 했다. 도청 건물의 바닥이 피로 흥건해졌다.

저세상에서 즐겁게 만나자고 약속했던 윤상원과 지도부 사람들도 총에 맞았다. 총에 맞지 않은 사람들은 계엄군에게 실컷 두들겨 맞고 체포되었다.

"이 빨갱이 새끼들, 이제 다 잡았네. 너희들은 끝났어. 감옥에서 썩을 줄 알아."

"내가 간첩 새끼들을 일곱 마리나 잡았어."

무자비하게 시민군들을 진압한 군인들은 의기양양했다.

약 한 시간 만에 도청은 계엄군들의 손에 넘어갔다. 계엄군 두 명이 부상당했고 시민군은 열여섯 명이 목숨을 잃었다.

그렇게 5월 18일부터 27일까지의 5·18민주화운동은 끝이 났다. 10일간 광주는 철저히 외면당하고 짓밟혔지만 시민들은 민주적

공동체 사회 속에서 살았다. 비록 계엄군들은 많은 목숨을 빼앗으며 도청과 광주 시내를 장악했지만 시민 스스로의 희생으로 지키고자 했던 민주화에 대한 열망을 무너뜨리지는 못했다.

　이후 길거리에 시신이 나뒹굴고 행방불명자가 속출했지만 신군부 세력은 광주 시민의 상처를 달래기는커녕 많은 사람들을 폭도로 몰아 잡아갔다.

　5·18민주화운동이 끝난 후 7월 말까지 약 2699명이 체포되었다. 시위를 주도한 사람, 총을 들었던 시민군, 대학생과 수습위원회 사람들까지 붙들려 가서 조사를 받았다.

　그중 많은 사람들이 간첩죄를 뒤집어쓰고 모진 고문을 받았다.

　5·18민주화운동 기간 동안 사망자 수는 약 193명, 후유증으로 사망한 사람은 약 376명이며 행방불명자는 약 75명이다.

　부상자는 3천여 명이 훨씬 넘었으며 검거된 사람은 2522명으로 404명이 기소되어 재판을 받았다.

　1980년 8월 27일에 전두환은 대통령으로 선출되었다. 광주 시민들의 피를 묻히고 목숨을 밟고 올라간 자리였다.

　대학생들은 광주의 진실을 알리는 유인물을 배포했고 국민들은 경악할 사실에 점점 눈을 뜨기 시작했다.

　미국이 전두환 세력을 인정해 광주의 비극이 일어나는 데 협조

했다는 사실에 대학생들 사이에서 반미 감정이 생기며 미국 문화원을 점거하고 불을 지르는 사태가 일어났다.

진정한 민주주의를 이루려는 사람들은 투쟁을 멈추지 않았고 그 결과 1995년 국회에서 '5·18민주화운동에 관한 특별법'이 제정되었다.

이 법에 따라 전두환과 노태우 등 관련자들이 1997년에 처벌받았으나 김대중 대통령 당선자의 권유에 따라 김영삼 대통령의 사면으로 1998년에 풀려났다. 2000년에는 피해자들을 5·18민주화운동 유공자로 인정하여 예우하는 법률이 생겨 취업과 교육, 의료를 지원하게 되었다. 2011년에는 세계적으로 민주화에 끼친 영향을 인정받아 5·18민주화운동 기록물이 유네스코 기록 유산에 등재되었다. 이제 5·18민주화운동은 전 세계인들이 기억하고 기록을 보존해야 할 사건이 된 것이다.

5·18민주화운동의 정신은 이후 1987년 6월 항쟁과 촛불 시위로 이어져 민주 시민 의식을 높이는 데 큰 영향을 끼쳤다.

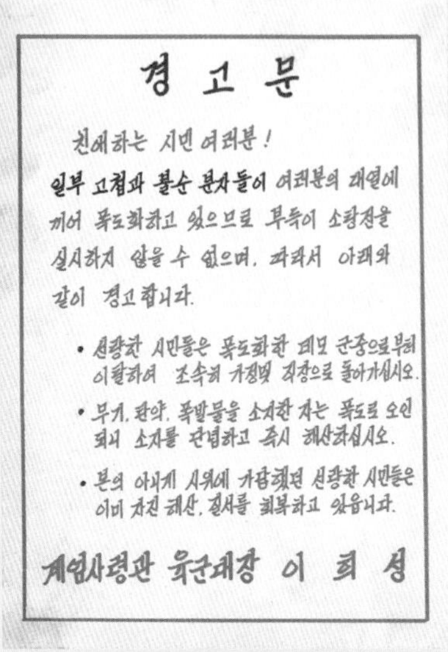

경 고 문

친애하는 시민 여러분!

일부 고첩과 불순 분자들이 여러분의 대열에 끼어 폭도화하고 있으므로 부득이 소탕전을 실시하지 않을 수 없으며, 따라서 아래와 같이 경고합니다.

- 선량한 시민들은 폭도화한 데모 군중으로부터 이탈하여 조속히 가정및 직장으로 돌아가십시오.
- 무기, 탄약, 폭발물을 소지한 자는 폭도로 오인되니 소지를 단념하고 즉시 해산하십시오.
- 뜻의 아니게 시위에 가담했던 선량한 시민들은 이미 자진 해산, 질서를 회복하고 있읍니다.

계엄사령관 육군대장 이 희 성

▲ 당시 계엄사령관 육군대장이 광주 시민에게 배부한 경고문. 시위 대열이 고정간첩과 불순분자로 인해 폭도화되고 있어서 소탕전을 한다는 전문과 함께 시위를 자진 해산할 것을 요구하는 내용.

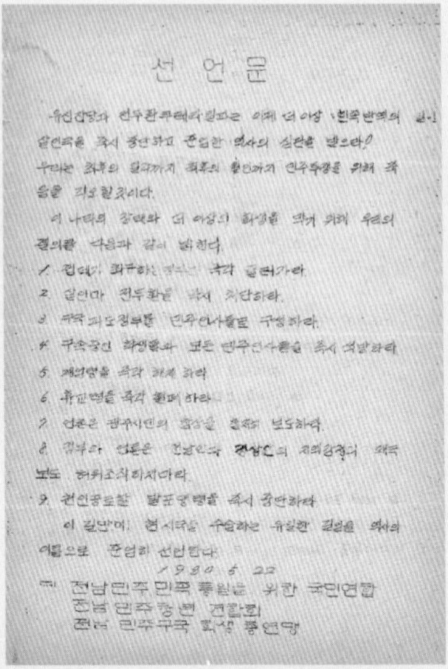

선 언 문

유신잔당과 전두환 쿠데타 일파는 이제 더 이상 (민족반역의 살인극을 즉시 중단하고 준엄한 역사의 심판을 받으라!
우리는 최후의 일각까지 최후의 일인까지 민주투쟁을 위해 죽음을 각오할 것이다.

이 나라의 장래와 더 이상의 희생을 막기 위해 우리의 결의를 다음과 같이 밝힌다.

1. [illegible] 최규하 [illegible] 즉각 물러가라
2. 살인마 전두환을 즉시 처단하라.
3. 구국과도정부를 민주인사들로 구성하라.
4. 구속중인 학생들과 모든 민주인사들을 즉시 석방하라
5. 계엄령을 즉각 해제하라
6. 휴교령을 즉각 철폐하라
7. 언론은 광주시민의 참상을 정확히 보도하라.
8. 정부와 언론은 [illegible] 왜곡 보도 허위조작하지마라
9. [illegible] 즉시 중단하라

이 길만이 본 시국을 수습하는 유일한 길임을 역사의 이름으로 준엄히 선언한다.

1980. 5. 22

- 전남민주민족통일을 위한 국민연합
전남민주청년연합회
전남민주구국학생총연맹

▲ 당시 전남민주민족통일을위한국민연합, 전남민주청년연합회, 전남민주구국학생총연맹에서 작성한 선언문. 투쟁을 위한 각오와 최규하 정부의 퇴진 요구 등의 내용이 담김.

▲ 희생당한 어린 아들의 관을 붙잡고 오열하는 어머니의 모습.

▲ 돌아오지 못한 친구의 빈자리를 두고 수업하는 어린 학생들.

5·18민주화운동을
이끈 사람들은 누구였나요?

5·18민주화운동은 특정 단체나 정치인이 주도한 것이 아닌, 시민들이 자발적으로 나선 시위였습니다. 점점 그 수가 많아지고 상황이 길어지면서 계엄군과 협상을 하고 질서 유지를 위한 지도부가 필요하게 되었습니다. 그리하여 민주화운동을 했던 재야인사들과 종교계 지도자들로 수습위원회가 구성되었습니다. 홍남순 변호사, 조아라 광주YWCA 회장, 조비오 신부, 명노근·송기숙 전남대 교수 등이었지요.

또한 계엄군이 요구를 들어줄 때까지 항쟁을 계속하겠다는 항쟁지도부가 생겼습니다. 계엄군과 맞서려면 강력한 지도부가 필요했습니다. 이들은 주로 극단 '광대'와 들불야학을 중심으로 한 운동권 학생들과 청년들이었습니다. 윤상원, 정상용, 이양현, 윤강옥 등 젊은 층의 지도자들과 상황실장 박남선, 기동타격대장 윤석루 등 항쟁 과정에서 참여한 일반인들은 계엄군과 신군부 세력의 야심을 알고 무기 회수를 반대하며 마지막까지 계엄군과 싸웠습니다.

무기를 반납해야 했을까요?

시민군 사이에서는 총기를 반납하는 문제가 가장 큰 갈등이 되었습니다.

무기 반납을 주장하는 사람들은 훈련을 받지 못한 청년들이 전문적인 훈련을 받은 계엄군과 싸워 봤자 귀한 목숨만 잃게 되니 비폭력 투쟁을 하자고 주장했습니다. 무기 반납을 반대하는 사람들은 과잉 진압에 대한 사과와 광주 시민들의 명예 회복을 약속받지 못한 상태에서 무기를 반납하는 것은 항복이나 마찬가지라고 생각했지요. 어차피 계엄군은 공격을 해 올 것이고 체포되어도 산목숨이 아닐 테니 끝까지 싸우다 죽겠다는 것이었습니다.

여러분이라면 어떤 선택을 했을까요?

5·18민주화운동 일지

5월 17일 토요일

비상계엄 조치가 전국으로 확대됨.

계엄사에서 충정 작전을 지시함.

5월 18일 일요일

전남대 정문에서 대학생 2백여 명이 모여 시위.

제7공수 부대가 폭력적인 진압 활동을 함.

오후에 금남로에서 대학생 5백여 명 시위.

5월 19일 월요일

전날 공수 대원에게 맞은 김경철 사망.

광주 시내 초등학교 수업 중단.

고등학생들의 교내 시위.

가톨릭센터 앞 5천 명의 시민들이 모여 시위. 돌과 화염병을 던지며 대항함.

최초의 발포로 고등학생이 총상을 입음.

5월 20일 화요일

신현확 국무총리 등 장관급 인사들 사퇴.

무등 경기장에서 택시를 포함한 차량 2백여 대가 모여 금남로로 진출.

차량 시위대의 뒤를 이어 시민 2천여 명이 함께 시위에 참여.

노동청 앞에서 경찰 네 명이 시위대 버스에 치여 사망.

광주 MBC 방화 사건 일어남.

3공수여단 11대대에서 한밤중 광주역의 시민들에게 집단 발포.

시민 다섯 명 사망.

금남로에서 광주역까지 10만 명이 넘는 군중이 몰려들어 시위.

계엄군이 광주시 외곽도로 봉쇄.

5월 21일 수요일

시위대가 아시아자동차 공장에서 장갑차와 차량을 빼앗음.

시민 대표단과 도지사의 협상.

도청 앞에서 계엄군이 시민들에게 집단 발포, 시민들 무참히 총격받음.

시위대가 무기고에서 총과 탄환, 다이너마이트를 빼앗음.

계엄군이 광주시 외곽으로 철수.

시민군이 전남도청을 차지.

계엄군과 무장을 한 시위대가 총격전을 벌임.

5월 22일 목요일

시민들이 수습대책위원회를 구성함. 수습안을 만들어 계엄군에게 전달.

도청 앞에서 시민 궐기 대회 열림.

학생 수습위원회가 구성됨.

박충훈 신임 국무총리가 5·18민주화운동을 폭동으로 규정해 발표함.

5월 23일 금요일

시민들이 자발적으로 시내를 정리하고 청소함. 가게도 문을 엶.

주남마을의 공수 부대가 미니버스에 총격을 가해 승객들을 사살.

시민 15만여 명이 모여 제1차 민주수호 범시민 궐기대회 개최.

5월 24일 토요일

11공수여단이 광주비행장으로 이동 중 전교사 교도대와 오인 전투(시민군으로

오해하고 자기들끼리 총격전을 벌이는 것)를 함.

오인 전투에 대한 보복으로 송암동 주민들을 학살함.

5월 25일 일요일

계엄군이 광주 재진입 작전을 준비함.

최규하 대통령이 광주 상무대를 방문하여 특별 담화문을 발표함.

시민들의 항쟁지도부가 '민주투쟁위원회'를 결성함.

5월 26일 월요일

시민 대표단이 계엄군과 마지막으로 네 번째 협상을 시도했으나 실패함.

항쟁지도부가 계엄군이 밤에 침공할 것을 발표함.

도청과 주요 건물에 있는 어린 학생 및 여성들 귀가.

5월 27일 화요일

새벽 네 시에 3공수여단 특공대가 도청 주변을 포위하고 무차별 총격.

(시민군 사망 27명, 연행 295명, 군인 사망 2명, 부상 12명)

계엄군의 진압 작전이 종료됨.

도청 직원들이 복귀함.

주영복 국방부 장관 도청 방문.

임을 위한 행진곡

사랑도 명예도 이름도 남김없이   세월은 흘러가도 산천은 안다
한평생 나가자던 뜨거운 맹세   깨어나서 외치는 뜨거운 함성
동지는 간데없고 깃발만 나부껴   앞서서 나가니 산 자여 따르라
새날이 올 때까지 흔들리지 말자   앞서서 나가니 산 자여 따르라

이 곡은 5·18민주화운동 당시 시민군 대변인으로 활동하다가 계엄군의 총탄에 세상을 떠난 윤상원과 1979년 '들불야학'을 운영하다 사망한 박기순의 영혼결혼식에 헌정된 노래다.

1981년에 만들어진 곡으로 시민운동가 백기완이 감옥에서 쓴 〈묏비나리〉의 일부를 차용해서 소설가 황석영이 가사를 썼다. 당시에 전남대 재학생이던 김종률이 작곡했다.

이 노래는 5·18민주화운동을 상징하는 노래로 5·18민주화운동 기념식에서 불렸는데 이명박, 박근혜 정권 때는 본 행사에서 부르지 못하게 했다.

5·18민주화운동 유적지 돌아보기

① 계엄군은 시내에서 끌고 온 시민들을 종합운동장과 이학부 건물에 수용했다. 집단 구타로 사망한 주검은 학교 안에 매장되었다가 이후에 발굴되었다.

② 5월 20일 밤 광주역에 있던 계엄군이 시민들을 향해 발포, 다음날 주검 2구가 발견되었다. 소식을 들은 시민 수십만 명이 동참하여 민주화 운동이 절정으로 치달았다.

③ 5월 19일 계엄군 과잉 진압을 규탄하는 시위가 열렸고 계엄군은 대합실과 지하도에서 총검을 휘둘러 피비린내가 진동했다고 한다. 이 소식은 버스를 타고 나간 사람들에 의해 전파돼 5·18민주화운동이 확산되는 계기가 되었다.

④ 5·18구묘역

국립5·18민주묘지

④ '망월동 묘지'라 불렸다. 희생자들은 장례식을 치르지 못하고 청소차나 리어카에 실려 이곳에 매장됐다. 1997년에 국립5·18민주묘지가 조성되어 5·18민주화운동 희생자들이 새롭게 안장되었다.

⑤ 학생들이 시국 토론을 벌이던 곳이자 사회과학서적을 주로 취급했던 서점. 당시 '들불야학' 학생과 노동자들은 이곳에서 정보를 교류하고 '투사회보'를 제작, 배포하였다.

⑥ 5·18민주화운동의 상징 거리. 18일 가톨릭센터 앞에서 최초의 학생 연좌 시위 발생. 20일 저녁 택시를 중심으로 100대 이상의 차량이 시위에 참가. 21일 계엄군의 집단 발포 전까지 30여만 시민이 운집했다.

⑦ 옛 전남도청 앞 분수대 광장이 5·18민주광장으로 거듭났다. 자료 전시와 관련 행사가 열리는 곳이다.

⑧ 5·18민주화운동 최후의 격전지. 이후 전남도청에서 항쟁지도부가 활동했고 시민수습대책위가 대책을 논의하는 등 시민 공동체의 중심지였다.

⑨ 당시 희생자의 주검을 임시 안치했던 장소. 계엄군의 발포와 무자비한 진압에 희생된 사람들의 관을 안치한 빈소가 차려졌다.

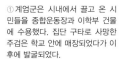

전남대학교 ①

광주역광장 ②

시외버스공용터미널 옛터 ③

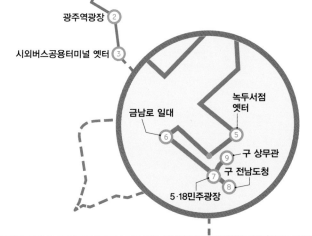

녹두서점 옛터

금남로 일대

⑥ ⑤

구 상무관 ⑨

구 전남도청 ⑦

⑧

5·18민주광장

135

출처 http://518road.518.org

참고 문헌

《5월 18일, 광주》, 김영택, 역사공간
《5월 18일, 맑음》, 임광호 외, 창비
《5·18 민주화운동 – 중고등학생 교과서》, 5·18기념재단
《5·18 민주화운동 – 초등학교 교사용 지도서》, 5·18기념재단
《5·18, 우리들의 이야기》, 광주서석고 제5회 동창회, 심미안
《너와 나의 5·18》, 김정인 외, 오월의봄
《죽음을 넘어 시대의 어둠을 넘어》, 황석영 외, 창비

사진 제공

5·18기념재단
대한민국역사박물관